Eliza Stehr

Die polnische Dichterin
Maria Pawlikowska-Jasnorzewska

Hauptmotive in ihrer Lyrik

Diplomica® Verlag GmbH

Stehr, Eliza: Die polnische Dichterin Maria Pawlikowska-Jasnorzewska: Hauptmotive in ihrer Lyrik, Hamburg, Diplomica Verlag GmbH 2010

ISBN: 978-3-8366-8657-0
Druck: Diplomica® Verlag GmbH, Hamburg, 2010

Bibliografische Information der Deutschen Nationalbibliothek:
Die Deutsche Nationalbibliothek verzeichnet diese Publikation in der Deutschen Nationalbibliografie; detaillierte bibliografische Daten sind im Internet über http://dnb.d-nb.de abrufbar.

Die digitale Ausgabe (eBook-Ausgabe) dieses Titels trägt die ISBN 978-3-8366-3657-5 und kann über den Handel oder den Verlag bezogen werden.

© Diplomica Verlag GmbH
http://www.diplomica-verlag.de, Hamburg 2010
Printed in Germany

Jestem sama,
Babcia mi na imię –
czuję się jako czarna plama
na tęczowym świata kilimie...
(Starość)

Maria

Pawlikowska-Jasnorzewska

Abb.1

Inhaltsverzeichnis

I. Einleitung

Gegenstand dieser Abhandlung ist die Untersuchung und Darstellung der Hauptmotive im lyrischen Werk der Dichterin Maria Pawlikowska-Jasnorzewska, die in der polnischen Literatur des 20. Jahrhunderts einen hohen Stellenwert einnimmt.

In ihrem Schaffen spiegelt sich die neue Stellung der Frau in der polnischen Literatur und Gesellschaft im neuen souveränen polnischen Staat nach dem Ersten Weltkrieg wider. Sie hat sich als Dichterin der Natur und der Liebe in das Panorama der zeitgenössischen Literatur eingeschrieben.

Der Natur und den Farben als permanent wiederkehrenden Motiven gilt das Hauptaugenmerk in dieser Abhandlung. Dabei fungiert der Ausbruch des Zweiten Weltkriegs als zeitliche Zäsur. Ihre Werke aus der Kriegszeit lassen sich unter dem Aspekt „Farben und Natur" nicht mehr untersuchen. Die erlebte Grausamkeit dieser Zeit bewegt Pawlikowska sowohl ihre Thematik als auch die Form ihres Schaffens zu wechseln.

Eine weitere Konsequenz dieser Festlegung ist die Ausklammerung ihres dramatischen Schaffens, da in diesem die immer wiederkehrenden Bilder kaum sichtbar sind. Diese Untersuchung bezieht sich ausschließlich auf das lyrische Schaffen und berücksichtigt andere Formen nur am Rande.

Der ausführliche Lebenslauf zu Beginn trägt meiner Meinung nach sehr viel zum Verständnis der Analyse der Werke Pawlikowskas bei und ist daher unverzichtbar.

Maria Pawlikowska-Jasnorzewskas Lyrik wird allzu oft nur vereinfacht dargestellt und flüchtig betrachtet. Was die Untersuchung erschwert, ist ein Mangel, um nicht zu sagen ein fast völliges Fehlen an fremdsprachigen Untersuchungen, die sich von der polnischen Kulturtradition absetzen. Um zur Überwindung dieses Defizits im deutschsprachigen Raum beizutragen, fiel meine Wahl auf dieses noch wenig bekannte und selbst in der polnischen Sekundärliteratur kaum behandelte Thema. In Polen erfährt die Lyrik Pawlikowskas allmählich wieder an Aktualität, wovon die neuesten Auflagen der Originalwerke wie auch eine umfassende Monographie[1] sowie zahlreiche Aufsätze aus den letzten zwei Jahrzehnten

---

[1] Hurnikowa, E.: Maria Pawlikowska-Jasnorzewska. Zarys monograficzny. Katowice 1999. Im Folgenden - Hurnikowa, E.: Maria Pawlikowska-Jasnorzewska - verzeichnet.

zeugen. Gleichermaßen wurden die Werke Pawlikowkas in ausländische Gesamtausgaben[2] einbezogen und u.a. ins Englische, Deutsche, Französische und Tschechische übersetzt.

Anzumerken ist, dass, obwohl die Lyrikerin längere Aufenthalte in Österreich und England hatte, ihr Bekanntheitsgrad in den dortigen literarischen Kreisen gering und ein Interesse an ihrer Lyrik so gut wie nicht vorhanden ist.

In dieser Untersuchung bin ich in erster Linie auf die Unterstützung der polnischen Sekundärliteratur angewiesen. Dabei bin ich bemüht, mich von dem tendentiösen Ton einiger Abhandlungen zu distanzieren. Meine Arbeit stellt den Versuch dar, das vielfältige Paradigma der Hauptmotive in Form der Farb- und Naturmotive aus dem lyrischen Schaffen Maria Pawlikowska-Jasnorzewskas zusammenzutragen und zu veranschaulichen.

II. Biographie

> Jej życie, jeśli nie liczyć okresu wojennego,
> było tak samo kapryśne, kolorowe
> i wypełnione miłością jak jej poezja.[3]

Wenn man nach biographischen Informationen über eine Persönlichkeit sucht, stößt man für gewöhnlich zuerst auf das Geburtsdatum. Im Fall der polnischen Dichterin Maria Janina Teresa Bzowska-Pawlikowska-Jasnorzewska geb. Kossak sollte es auch nicht anders sein. Die Schwierigkeit bei diesem Vorhaben besteht allerdings darin, dass Pawlikowska absichtlich und auch sehr erfolgreich ihr tatsächliches Geburtsdatum verschleiert oder gar verschwiegen hatte. Die aufgefundenen Geburtsjahre gehen weit auseinander und reichen von 1891 bis sogar ins Jahr 1895[4]. Als glaubwürdiges Geburtsdatum, gestützt auf eine

---

[2] vgl. Kuhiwczak, P. (Hrsg.): Ariadne´s Thread, Polish Women Poets. London-Boston 1988. Dedecius, K. (Hrsg.): Die Dichter Polens. Frankfurt a. M. 1982.
[3] /Ihr Leben, die Kriegszeit ausgenommen, war genauso kapriziös, vielfarbig und von Liebe erfüllt wie ihre Dichtung. – Übers./ Aus: Kuncewicz, P.: Biologia czuła i okrutna – Maria Pawlikowska Jasnorzewska. In: Maciejewska, I. (Hrsg.): Poeci dwudziestolecia międzywojennego. Warszawa 1982. S. 7. Im Folgenden als - Kuncewicz, P.: Biologia czuła i okrutna - verzeichnet.
[4] Kwiatkowski, J.: Maria Pawlikowska-Jasnorzewska. In: Wyka, K. (Hrsg.): Literatura polska w okresie międzywojennym. Kraków 1979. S.447, gibt das Jahr 1891 an. Kuncewicz, P.: Biologia czuła i okrutna. S. 7, bezeugt das angebliche Geburtsjahr 1893. Krzyżanowski, J.: Dzieje literatury polskiej. Warszawa 1969. S. 566, nennt das Geburtsjahr 1894. Miłosz, Cz.: Geschichte der Polnischen Literatur. Köln 1981. S. 317, bestätigt das

Urkundenuntersuchung[5], setzt Elżbieta Hurnikowa[6] in der jüngsten und umfangreichen Monographie das Geburtsdatum auf den 24. November 1891 fest. Die Anstrengungen der Dichterin, das eigentliche Geburtsdatum geheim zu halten, waren von zahlreichen Anekdoten umhüllt und wurden im Übrigen als Ausdruck ihrer obsessiven Angst vor dem Altwerden interpretiert. Diese Obsession meldete sich mit den fortschreitenden Jahren immer häufiger zu Wort.

Die angehende Dichterin kam in Krakau in einer Künstlerfamilie zur Welt, die auf eine sehr lange Tradition von bildenden Künstlern zurückblicken konnte. Ihr Großvater Juliusz (1824-1899), Vater Wojciech (1856-1942) und ihr älterer Bruder Jerzy (1886-1955) waren bekannte Maler, deren Schaffen sich über mehr als ein Jahrhundert erstreckte und einen starken Einfluss auf die polnische Kulturwelt hatte, der weit über die Stadtgrenzen des heimatlichen Krakaus reichte. Die Kossaks führten das relativ sorglose Leben einer Landadelsfamilie in einer Villa[7] mit besonderem Flair, die von herausragenden Persönlichkeiten der Kulturwelt gerne besucht wurde. Die frühe Kindheit Marias verlief fast ungetrübt. Jedoch im Alter von neun Jahren fiel das bereits damals künstlerisch begabte Mädchen beim Tanzen derart unglücklich, dass es sich dabei den rechten Arm gebrochen hatte. Die falsch behandelte Verletzung entwickelte sich im Laufe der Jahre zu einer dauerhaften und sichtbaren Entstellung der Wirbelsäule im Bereich des Schulterblatts. Die Dichterin war stets bemüht, die Rückenverkrümmung zu verstecken. Sie trug überwiegend selbst entworfene Kleider aus weichen, fließenden Stoffen, die ihre Silhouette dicht umhüllten. Zusätzlich wickelte sie sich in viele Schals und Tücher ein, die zu ihrem „Markenzeichen" geworden sind. Mit ihrem modernen und extravaganten Aussehen sorgten sie und ihre

Jahr 1894. Czachowski, K.: Obraz współczesnej literatury polskiej 1884 – 1934. Bd. 3. Warszawa-Lwów 1936. S. 393, setzt das Geburtsjahr auf 1895.

[5] Mit der Feststellung des Geburtsjahres Pawlikowska-Jasnorzewskas hatten selbst die bekannten Forscher Probleme. A. Sandauer wies in einem seiner kritischen Artikel den Vorwurf eines anerkannten Literaturwissenschaftlers und Kenners der Lyrik Pawlikowska-Jasnorzewskas, Jerzy Kwiatkowskis, mit der Feststellung zurück: „Z datami narodzin pisarek bywają przeważnie kłopoty, sama Pawlikowska odmłodziła się w wierszu „Babka" o lat dziesięć i jest chyba przesadą żądać od krytyka, aby – nie ufając słownikom – jeździł po kościołach parafialnych." Sandauer, A.: Iskający. In: Ders.: Zebrane pisma krytyczne. Bd. 3. Warszawa 1981. S.622-625. /Mit dem Geburtsdatum der Schriftstellerinnen gibt es überwiegend Probleme. Pawlikowska selbst machte sich im Gedicht „Die Großmutter" um zehn Jahre jünger, und es ist wahrscheinlich übertrieben, von einem Kritiker zu erwarten, dass er – den Wörterbüchern keinen Glauben schenkend – in den Pfarrkirchen sucht. – Übers./

[6] Hurnikowa, E.: Maria Pawlikowska-Jasnorzewska. S. 18.

[7] Die Atmosphäre des Hauses spielte eine wichtige Rolle in der Entwicklung der zukünftigen Dichterin. Sie erhielt keine öffentliche Schulbildung, und ihre Belesenheit, Fremdsprachenkenntnisse und gute Bildung verdankt sie hauptsächlich ihrem Selbststudium auf den Gebieten der Literatur, Philosophie und Botanik, das sie das ganze Leben lang pflegte. Nach: Kwiatkowski, J.: Maria Pawlikowska-Jasnorzewska. Wybór poezji. 5. Aufl.

jüngere Schwester Magdalena oft für Aufsehen in der Gesellschaft. Der unglückliche Vorfall hinterließ in ihrer Psyche zeitlebens tiefe und schmerzhafte Wunden, die von ihrem Ästhetikgefühl immer wieder aufgerissen wurden. Es war aber mehr als nur die gekränkte weibliche Eitelkeit, denn ihr körperliches Gebrechen hat sich auf ihr ganzes Leben und Schaffen ausgewirkt. Hinzu kam ihre Angst vor dem Alt- und Unattraktivwerden, und damit auch nicht mehr liebenswert zu sein. Ihre obsessiven Ängste erklangen wie ein ohrenbetäubender Widerhall in ihrer Lyrik. Nichtsdestotrotz sind ihre Gedichte kein Zeugnis von Traurigkeit. P. Kuncewicz[8] zieht ein sehr zutreffendes Resümee aus ihrem Leben in dem eröffnenden Zitat dieses Kapitels. Ähnlich wie viele andere aus materiell und gesellschaftlich gut gestellten Familien stammende Mädchen genossen Maria und ihre jüngere Schwester Magdalena Privatunterricht im elterlichen Hause[9]. Die Weltanschauung Pawlikowskas ist sehr stark in der Epoche ihrer Jugend verankert. Von dem Kulturerbe der Epoche des Positivismus und des Jungen Polens konnte sie sich nie lösen. Die großen Denker der europäischen Moderne sind zu Vätern ihrer Dichtung geworden.

In dem biographischen Roman „Maria i Magdalena" (Maria und Magdalena) zeugt davon ihre Schwester unter dem Pseudonym Magdalena Samozwaniec[10] in folgendem Zitat:

> „Gdy Lilka była już dorosłą panną, wynajdowała po antykwariatach dzieła (...) Nietzschego i Schopenhauera po niemiecku i zmuszała Madzię, aby je również czytała."[11]

In einer Befragung der Zeitschrift „Wiadomości Literackie" legte Pawlikowska 1926 ihre literarischen Vorlieben offen:

> Miałam różnych nauczycieli, którzy się kolejno zmieniali. Najpierw Maeterlinck, którego książka „La sagesse et destinée" wydała mi się szczytem wszystkiego. Potem mi się

Wrocław-Warszawa-Kraków 1998. S. III. Im Folgenden als - Kwiatkowski, J.: Maria Pawlikowska-Jasnorzewska - verzeichnet.
[8] Kuncewicz, P.: Biologia czuła i okrutna. S.7.
[9] Hurnikowa, E.: Maria Pawlikowska-Jasnorzewska. S. 24.
[10] Magdalena Samozwaniec (1899-1972) – eigentlich Magdalena Starzewska, geb. Kossak, die jüngere Schwester von Maria Pawlikowska-Jasnorzewska, eine satirische Autorin und Übersetzerin (u.a. der Werke Erich Kästners). Debütierte 1922 mit einem Roman „Na ustach grzechu" (Auf den Lippen der Sünde).
[11] /Als Lilka schon eine erwachsene Frau war, machte sie in den Antiquariaten die Werke von (...) Nietzsche und Schopenhauer auf Deutsch ausfindig und zwang Madzia, diese ebenfalls zu lesen. – Übers./ Samozwaniec, M.: Maria i Magdalena. Kraków 1970. S. 120.

Maeterlinck sprzykrzył, i przestałam go kochać – przyszedł
Nietzsche, a potem ukochany do dzisiaj Schopenhauer.[12]

In zahlreichen Untersuchungen der Sekundärliteratur wird betont, dass die Sehnsucht nach Liebe die Dichterin das ganze Leben lang begleitete. Lieben und geliebt werden war für sie genauso unentbehrlich wie die Luft und das Wasser. Ihre Suche nach Liebe mündete drei Mal in den Stand der Ehe. Im Jahre 1915 heiratete Maria Janina Kossak einen Leutnant der damaligen österreichischen Armee, Władysław Roman Bzowski. Mit ihm verbrachte sie einige Zeit in Mödling bei Wien, wo er den ehrenhaften Posten eines kaiserlichen Kammerherrn bekleidete und am Ersten Weltkrieg teilnahm. Die junge Dichterin interessierte sich aber weder für die Politik noch für den Krieg und isolierte sich von dem typischen Leben einer Offiziersehefrau. Oft beklagte sie sich über ihre Einsamkeit und Langeweile. Bereits im Herbst 1916, als sie erst ein Jahr mit Bzowski verheiratet war, lernte sie die größte Liebe ihres Lebens, Jan Gwalbert Henryk Pawlikowski, kennen. Im Gegenteil zum Soldaten Bzowski verstand er ihre künstlerische Welt. Jan Pawlikowski entstammte einer Familie, in der, wie ebenfalls in der Familie Kossak, das kulturelle Leben eine wichtige Rolle spielte. Die Befürchtungen Marias Eltern, die der Ehe mit Bzowski kein langes Bestehen prophezeiten, bestätigten sich. Im März 1919 wurde die Ehe zwischen Maria und Władysław Bzowski für ungültig erklärt. Dem neuen Glück stand damit nichts mehr im Wege. Noch im selben Jahr traten sie in den Stand der Ehe. Die künstlerische Atmosphäre der eigenen Familie und der Familie ihres Ehemannes gaben der Dichterin den nötigen Rahmen. Pawlikowska schuf in der Zeit der glücklichen Beziehung ihre schönsten Liebesgedichte. Das Gefühl beflügelte sie und trieb sie an die Spitze ihrer künstlerischen Möglichkeiten. In dieser Zeit brachte sie ihren Debütgedichtband „Niebieskie migdały" (Die blauen Mandeln) heraus. Ihr Ehemann Jan Gwalbert Pawlikowski liebte das Theater und reiste mit einer Theatertruppe durch Westeuropa. Er trat unter einem Decknamen als Tänzer in einem Kabarett auf, während seine Ehefrau erneut über Einsamkeit klagte. Die Trennung von ihrem Mann war für Pawlikowska ein harter Schlag, über den sie lange Zeit nicht hinwegkommen konnte. In dieser Zeit nahmen ihre obsessiven

---

[12] /Ich hatte verschiedene Lehrer, die sich der Reihe nach abgelöst hatten. Zuerst war es Maeterlinck, dessen Buch „La sagesse et destinée" für mich das Größte war. Dann ist mir Maeterlinck zuwider geworden und ich hörte auf ihn zu lieben – dann kam Nietzsche, danach der bis heute von mir geliebte Schopenhauer. –Übers./ Wiadomości Literackie (1926) Nr. 1, S. 2. Ebenfalls: Hurnikowa, E.: Maria Pawlikowka-Jasnorzewska. S. 25.

Ängste unfassbare Ausmaße an. Jan Gwalbert Pawlikowski war die Liebe ihres Lebens. Aus der Korrespondenz ging ihre völlige Hingabe, gar Vergötterung ihres Ehemannes hervor. Aber auch diese aus großer Liebe geschlossene Ehe zerbrach und wurde 1929 für ungültig erklärt. Zwei Jahre später schloss die Dichterin den Ehebund mit Stefan Jasnorzewski (1901-1970). Ihr Auserwählter war Offizier der polnischen Luftstreitkräfte. Die Zeit des Zweiten Weltkriegs verbrachte das Ehepaar in England. Jasnorzewski war ein Mensch, der fest im Leben stand. Er gewährte seiner Gattin den nötigen Freiraum zur Entfaltung, unterstützte und beschützte sie. Ihre Ehe überstand alle Hindernisse und hielt Stand bis zum Ende ihres Lebens. Die Kriegsjahre waren für Maria Pawlikowska-Jasnorzewska auch die Zeit ihrer eigenen Tragödie. Die Dichterin kam mit der Grausamkeit der sie jetzt umgebenden Welt nicht mehr zurecht. Sie fand für sich selbst keinen neuen Platz und für ihre Dichtung keine neuen Ausdrucksmöglichkeiten. Sie zerbrach innerlich, und ihre Werke aus dieser Zeit stellen ein Zeugnis dafür dar. Ihre im bekannten Ton gehaltenen Gedichte schienen Fehl am Platz zu sein, und die Suche nach neuen Wegen in der Lyrik gab sie auf. Pawlikowska, Dichterin der Liebe, der Natur und der Schönheit, konnte sich nur in der Zeit des Friedens und der Liebe entfalten. Sie konnte ihre schöpferische Linie nicht verlassen, die Dichtung der Natur, der Liebe und der Schönheit aber verlor ihre Ausdruckskraft und schien angesichts des historischen Geschehens nichtig, naiv und unpassend zu sein. Der Krieg hat seine zerstörerische Macht auch gegen sie ausgespielt.

Die Kenner der Dichtung Pawlikowskas sind sich darin einig, dass das Jahr 1939 eine tiefe Zäsur in ihrem Schaffen zeichnet. Die Gedichte sind ihrer vorherigen dichterischen Vielfältigkeit und glanzvollen Kunstfertigkeit beraubt. Ihr Leben und ihre Dichtung scheiterten an der harten Probe der Kriegsjahre.

Die Literaturforscher J. Kwiatkowski und T. Terlecki bringen dies auf den Punkt:

> W latach 1922-1939 kobieta zywcięẓała historię. W latach 1939-1945 historia zwyciężyła kobietę.[13]

> W ostatnich latach jej życia i w twórczości tych lat nie ma nic z fosforyzacji, fluorescencji, z iskrzenia się i migotania, które były od początku jej tajemnicą, jej guślarskim,

---

[13] /In den Jahren 1922 - 1939 siegte die Frau über die Geschichte. In den Jahren 1939 - 1945 besiegte die Geschichte die Frau. – Übers./ Aus: Kwiatkowski, J.: Janusowe oblicza natury. O poezji Marii Pawlikowskiej Jasnorzewskiej. Twórczość 1958, Nr. 12. S. 73-96.

czarnoksięskim zabiegiem. Te lata przywodzą na oczy obraz
nieustannego krwawienia z otwartej rany.[14]

Pawlikowska przeczyła wojnie całą siłą duszy, zapamiętale i
rozpaczliwie. (...) usiłowała odzyniać wojnę jak zły urok.[15]

Pawlikowska verbrachte, wie bereits erwähnt, die letzten Jahre ihres Lebens in
England. Es war eine sehr schwierige und schmerzhafte Zeit für sie. Es war die
Zeit der Trennung von der Familie, der Sorgen um die liebsten Menschen. Die
Nachrichten aus Polen kamen selten, was die Einsamkeit und die Angst um die
Angehörigen ins Unerträgliche steigerte. 1942 geschah das für die Dichterin
Unfassbare. Ihr Vater, Wojciech Kossak, starb im Alter von 80 Jahren. Die zweite
Hiobsbotschaft erreichte sie mit zweimonatiger Verzögerung. Im März 1943 starb
ihre Mutter Maria geb. Kisielnicka[16]. Ein nächster Schicksalsschlag erreichte sie
im darauf folgenden Jahr. Sie selbst erkrankte an Gebärmutterkrebs[17]. Die falsche
Behandlung des Krebsleidens führte unabwendbar zur Verschlechterung ihres
Gesundheitszustandes[18] und zuletzt zum Tod.

Maria Pawlikowska-Jasnorzewska starb am 9. Juli 1945 in Manchester, wo sie
auch beigesetzt wurde.

---

[14] /In den letzten Jahren ihres Lebens und im Schaffen dieser Zeit, gibt es nichts von der Phosphoreszierung, der
Fluoroeszenz, von dem Funkeln und Flimmern, das von Anfang an ihr Geheimnis, ihre Zauberei war. Diese Jahre
führen das Bild einer unaufhörlichen Blutung aus einer offenen Wunde vor Augen herbei. –Übers/ Terlecki, T.:
Podzwonne. In: Pawlikowska-Jasnorzewska, M.: Ostatnie notatniki. Szkicownik poetycki II. Toruń 1993. S. 6.
[15] Pawlikowska verneinte den Krieg aus voller Kraft ihrer Seele, rasend und verzweifelt. (..) sie trachtete den
Krieg wie einen bösen Zauber zu lösen. –Übers./ a.a.O. S. 5.
[16] Hurnikowa, E.: Maria Pawlikowska-Jasnorzewska. S. 411ff.
[17] a.a.O. S. 417ff.
[18] vgl.: Zielińska, B.: Pawlikowska-Jasnorzewska: zapis choroby. Agonia jako upokorzenie. In: Biedrzyński, K.:
Stulecie skamandrytów. Kraków 1996. S. 149-157.

III. Die Schaffensphasen

> O poezji Marii Pawlikowskiej-Jasnorzewskiej
> można powiedzieć to, co Roger Caillois
> powiedział o skrzydłach motylich:
> „...ich wykroje, desenie, barwy stanowią
> zagadkę nie do rozwiązania. Kto powie,
> do czego ma służyć tyle wspaniałości?"[19]

In der Forschung werden oft drei Schaffensperioden in der Lyrik Maria Pawlikowska-Jasnorzewskas unterschieden, die durch kennzeichnende Daten hervorgehoben werden[20]. Ihre zeitliche Bestimmung stützt sich auf die Veröffentlichung der Gedichtbände, die von großer Bedeutung für ihr Schaffen sind und auf Ereignisse aus dem Leben der Dichterin, die eine starke Zäsur in ihrem Leben und Schaffen kennzeichnen. Die erste Periode umfasst die Jahre 1922 bis 1927. Im Jahr 1922 erschien der Debütgedichtband unter dem Titel „Niebieskie migdały" (Die blauen Mandeln). Das Ende der ersten Phase fällt zusammen mit der Herausgabe des Bandes „Wachlarz" (Der Fächer), der den Untertitel „Zbiór poezyj dawnych i nowych" (Eine Sammlung der alten und neuen Gedichte) trägt und den Charakter eines Sammelbandes aufweist. Die mittlere Schaffensphase fällt in die Jahre 1928 bis 1939 und endet mit der Flucht aus Polen. Die letzte Schaffensperiode dauert von 1939 bis 1945 und die Daten dieser Abgrenzung liefert das historische Geschehen. Die Kriegszeit bildet im Schaffen Pawlikowskas eine besondere Phase. Es ist für alle die Zeit der Zerstörung. Für Pawlikowska ist es die Zeit der äußeren und inneren Leere. Die Welt, in der sie lebte und auf der ihre Gedichte aufbauten, liegt genauso in Schutt und Asche wie auch ihre innere Welt. Das Bild der Verwüstung rundet zusätzlich ihre Krankheit ab, der sie später, kurz nach Ende des Krieges, erlag.

In der Dichtung Maria Pawlikowska-Jasnorzewskas herrscht jedoch nicht die historische Zeit, sondern der biologische Kalender[21]. Er unterscheidet völlig

---

[19] Über die Dichtung Maria Pawlikowska-Jasnorzewska kann man das sagen, was Roger Caillois über die Flügel der Schmetterlinge sagte: „...ihre Umrisse, Muster, Farben bilden ein unlösbares Rätsel. Wer kann schon sagen, wozu so viel Pracht dienen soll?" Piechal, M.: „Skrzydła wewnętrzne". Poezja 1970, Nr. 7. S. 23-34.

[20] Kwiatkowski, J.: Maria Pawlikowska-Jasnorzewska. S. XXVIff. Dzieniszewska, A.: Zielnik poetycki Marii Pawlikowskiej-Jasnorzewskiej. Poezja 1980, Nr. 5. S. 56-69. Im Folgenden - Dzieniszewska, A.: Zielnik poetycki... - verzeichnet. A. Dzieniszewska unterscheidet gar vier Schaffensperioden, in denen sie als erste Phase das frühere Schaffen vor dem Debüt an- siedelt, nämlich die Zeit von 1904-1922. Weitere Einteilung entspricht der dargestellten.

[21] Kwiatkowski, J.: Janusowe oblicza natury. Twórczość 1958, Nr. 12. S. 73-96.

andere Phasen wie das Erwachsenwerden, das Liebesglück, die Enttäuschung und schließlich die Verzweiflung.

III.1.   Die erste Periode: 1922 - 1927

Der bereits mehrmals erwähnte Forscher der Dichtung Maria Pawlikowska-Jasnorzewskas, Jerzy Kwiatkowski, charakterisierte den ersten Schaffensabschnitt mit zwei Begriffen: Hedonismus und Sensualismus[22]. In dieser Zeit sind vier Gedichtbände erschienen: „Niebieskie migdały" 1922 (Die blauen Mandeln), ein von der Dichterin selbst illustrierter Band „Różowa magia: Poezje." 1924 (Der rosa Zauber. Poesie), „Pocałunki" 1926 (Die Küsse), „Dancing. Karnet balowy" 1927 (Dancing. Eine Tanzkarte) und der Sammelband „Wachlarz" (Der Fächer) aus demselben Jahr.

Das Schaffen Maria Pawlikowska-Jasnorzewskas wurde zu ihren Lebzeiten von einer erdrückenden Schar zeitgenössischer Kritiker als nicht gelungen, überheblich und oft als provokativ bezeichnet[23]. Ihr Debütband „Niebieskie migdały" (Die blauen Mandeln) traf auf eine scharfe Kritik, von denen sich die späteren Forscher nur mühsam lösen konnten[24]. Pawlikowska polarisierte die zeitgenössische Gesellschaft. Die Wertschätzung ihres Schaffens und ihr Stellenwert in der polnischen Literatur bietet bis in die heutige Zeit ein breites Untersuchungsfeld und lässt die Diskussionen erneut aufflammen.

Unumstritten bleibt jedoch, dass Pawlikowskas erste Gedichte von großer Vitalität und großem Enthusiasmus jener Zeit zeugen. Ich halte es für wichtig, an dieser Stelle einen Blick auf die gesellschaftspolitische Lage, wenn auch nur in groben Zügen und vereinfacht, zu werfen.

Maria Pawlikowska-Jasnorzewskas Debüt fiel in die ersten Jahre des jungen, unabhängigen polnischen Staates. Polen hat nach über 120 Jahren der Teilungen

---

[22] Kwiatkowski, J.: Maria Pawlikowska-Jasnorzewska. S. XXVII.

[23] „Pawlikowska nie pisała złych wierszy? Przesada. Pisała, zwłaszcza te bez rymów, nie złe, ale nijakie. A to znaczy złe." Aus: Lechoń, J.: Dziennik. Warszawa 1993. Bd. 3. S. 504. /Hat Pawlikowska keine schlechen Gedichte geschrieben? Übertrieben. Doch, sie hat sie geschrieben, vor allem die ohne Reime, keine schlechten, aber ausdruckslose. Und das heißt schlechte. – Übers./

[24] „Rzecz charakterystyczna: pierwsze sądy o jej poezji zaciążyły zdecydowanie na wszystkich niemal późniejszych ocenach krytycznych." aus Głowiński, M., Sławiński, J.: Sapho słowieńska. Twórczość 1956, Nr. 4.

im Jahre 1918 seine Souveränität wieder erlangt und sich als Staat ebenfalls in der neuen Innen- und Außenpolitik etabliert. In der Gesellschaft erfolgten grundsätzliche Veränderungen, die man als politische und gesellschaftliche Revolution bezeichnete. Die Stellung der Frau hat sich diametral geändert. Wie in vielen anderen Ländern Europas bekamen die Frauen in Polen ebenfalls das Wahlrecht. Den Frauen wurde auch die Möglichkeit gegeben, zu studieren und ein immer mehr von dem Mann unabhängiges Leben zu führen. Dazu trug die Eingliederung der Frau in das Berufsleben enorm bei. Diese Vorgänge, heute eine Selbstverständlichkeit, führten vor einigen Jahrzehnten zur Umwertung der alten Weltanschauung und veränderten das Wechselspiel und Zusammenleben der Geschlechter. Die Frau trat immer mehr aus dem Schatten des Mannes heraus. In der Zwischenkriegszeit wurde die polnische Prosa von Frauen dominiert. In der Lyrik wurden ebenso neu aufgehende Sterne der Literatur verzeichnet. Es waren Kazimiera Iłłakowiczówna[25] und Maria Pawlikowska-Jasnorzewska. Letztere plädierte lautstark für die unumgänglichen Veränderungen im erotischen Verhalten beider Geschlechter, für das Brechen von Tabus und für mehr Offenheit in der Sexualität. Das alles sollte zur Gleichberechtigung sowohl im öffentlichen Leben als auch in der Ehe führen.[26] Die Gedichte erfuhren eine sehr starke Kritik seitens der Männer.[27] Pawlikowskas Dichtung wurde unterschätzt, nicht ernst genommen und nicht selten aufgrund ihrer Thematik und der gesellschaftlichen Position der Autorin belächelt.[28] Die ersten kritischen Stimmen prägten die Betrachtung der Gedichte Pawlikowskas, wovon das folgende Fragment zeugt:

S. 116-132. /Kennzeichnend ist, dass die ersten Kritiken fast alle späteren Meinungen entschieden belastet haben. – Übers./

[25] Kazimiera Iłłakowiczówna (1892-1983), polnische Lyrikerin. In ihrem Schaffen verweist sie auf die polnische, literarische Tradition, von dem Mittelalter bis zur Moderne. Sie vertritt sowohl die patriotische als auch religöse Lyrik. Der Debütband von 1912 trägt den Titel „Ikarowe loty" (Flüge des Ikarus).

[26] Starowieyska-Morstinowa, Z.: Lilka. In: Dies.: Ci których spotykałam. Kraków 1962. S. 101. Pawlikowka hatte den Mut, über die Liebe anders zu sprechen, über das wonnige Gefühl des Sattseins und Erfüllung in der Liebe.

[27] zu den verbissensten Kritikern der Lyrik Pawlikowskas gehörte von Anfang an Ostap Ortwin, auf dessen Kritik Pawlikowska-Jasnorzewska geantwortet haben sollte: „Ostap mnie w spokoju". nach: Lechoń, J.: Dzienniki. Bd. 2. Warszawa 1992. S. 503. (Es handelt sich hier um ein Wortspiel. Pawlikowska bedient sich hier der Ähnlichkeit im Klang des Vornamens „Ostap" und des Imperativs „zostaw", was bedeuten sollte: Laß mich in Ruhe – Anm. E.S.)

[28] siehe: Kuncewicz, P.: Agonia i nadzieja. In: Literatura polska od 1918. Bd. 1. Warszawa 1991. S. 94. Petrozolin-Skowrońska, B.: Zyciorys poetki. Literatura 1977, Nr. 35. S. 4.

Bagatelizowanie liryki tak różnej od dotychczasowych doświadczeń towarzyszyło trwale sądom krytycznym dwudziestolecia.[29]

Das zahlreiche, weibliche Publikum hat die Lyrik Pawlikowskas geliebt, denn sie sprach Frauen aus der Seele. Die Männer hatten dagegen nur scharfe Worte der Ablehnung für sie übrig.[30] Ihre größten Erfolge feierte Pawlikowska als Dichterin der Liebe und Erotik. Ihre erotischen Gedichte finden den größten Beifall bis zum heutigen Tag. Da ich aber das Schaffen der polnischen Dichterin unter dem Aspekt der wiederkehrenden Motive untersuche, bin ich gezwungen, auf die Einbeziehung dieser Gedichte zu verzichten, da sie für diesen Aspekt kein Untersuchungsfeld aufweisen.[31] Die Phase, in der die schönsten Liebesgedichte entstanden sind, ist die Zeit ihrer glücklichen Liebe zu Jan Gwalbert Pawlikowski. Dieses Gefühl erfüllte ihr Leben und ihre Gedichte. Die junge Frau erblühte nach den Zeiten der vorherigen spießigen, zerbrochenen Ehe und berauschte sich am Leben an der Seite des beinahe vergöttlichten Ehemannes, der ihre in voller Farbenpracht blühende Welt sehr gut verstand. Die Werke dieser Periode sind von sinnlichen Wahrnehmungen durchdrungen. Diese Aspekte sind bereits in den Titeln der Bände signalisiert. Die Farben in den Titeln: „Die blauen Mandeln" sowie „Der rosa Zauber" sind kaum zu übersehen. Ebenfalls wie die Musik und der Tanz im Gedichtsband „Dancing", der eine Besonderheit in dem dichterischen Nachlass Pawlikowskas darstellt.[32] Der Band trägt den Untertitel „Karnet balowy" (Die Tanzkarte) und thematisiert in zyklischer Form den Ablauf eines Tanzabends. Zur formellen Eigenart des Werkes zählt die Verwendung von zwei Schriftarten zur Hervorhebung einzelner Wörter und einer völligen Aufhebung der Rechtschreibnormen.

---

[29] /Geringschätzung der Lyrik so unähnlich der bisherigen Erfahrungen begleitete dauerhaft die kritischen Meinungen der Zwischenkriegszeit. – Übers./ Aus: Głowiński, M., Sławiński, J.: Sapho słowieńska. Twórczość 1956, Nr. 4, S. 116-132.

[30] „Zarzucano jej poezji płochość i bagatelną tematykę, a z jeszcze większym zgorszeniem odnoszono się do jej zmysłowości. Zarzuty nie były zmyślone." Kuncewicz, P.: Zmienne oblicza żywiołu. In: Pawlikowska-Jasnorzewska, M.: Akwatyki. Gdańsk 1980. S. 8. /Man warf ihrer Dichtung Leichtsinnigkeit und nichtige Thematik vor, aber eine noch größere Empörung äußerte man ihrer Sinnlichkeit gegenüber. Die Vorwürfe waren nicht unbegründet. – Übers./

[31] über die Liebe und Erotik siehe: Kuncewicz, P.: Staroświecka pani z Krakowa. Poezja 1972, Nr. 11. S. 46-51.

[32] Der Gedichtband „Dancing" setzt sich zusammen aus einem Zyklus zahlreicher poetischer Miniaturen und stellt die Nachahmung eines Tanzabends dar, angefangen von der Einladung über die Musik bis zum Intermezzo.

III.2.   Die zweite Periode: 1928 - 1939

Die zweite und längste Schaffensperiode von 1928 bis 1939 brachte folgende Ver-
öffentlichungen: „Cisza leśna" (Die Waldstille) und „Paryż" (Paris) im Jahre
1928, weiterhin „Profil białej damy" (Das Profil der weißen Dame) von 1930,
„Surowy jedwab" (Die rohe Seide) im Jahre 1932, „Śpiąca załoga" (Die
schlafende Belegschaft) im Jahre 1933, „Balet powojów" (Das Ballett der
Winden) von 1935, „Krystalizacje" (Die Kristallisationen) von 1937 und das
Prosawerk „Szkicownik poetycki" (Das poetische Zeichenbuch) aus dem Jahre
1939.

Die in diesen Jahren geschriebenen Gedichte setzen sich zu einer umfassenden
poetisch-philosophischen Einheit zusammen. Die Oberhand gewinnt das
Irrationale. Die spirituelle Thematik, die sich zu jener Zeit als Modeerscheinung[33]
erhebt, bildet das Novum in den Werken Pawlikowskas. Das rational
Unerklärbare hielt die Dichterin das ganze Leben lang in seinem Bann. Die Angst
vor dem Tod erklang immer lauter in den Gedichten dieser Periode. In ihren
jungen Jahren begab sich die Dichterin auf die Suche nach dem Übernatürlichen.
Zu ihren Begleitern wurden unausweichlich Maeterlinck, Nietzsche und
Schopenhauer. Das besondere Augenmerk galt ebenfalls den in dieser Zeit
modernen Mythologien Altindiens, den Religionen des Fernen Ostens aber auch
der japanischen Literatur[34].

III.3.   Die dritte Periode: 1939 - 1945

Die Zeit der dritten Periode von 1939 bis 1945 ist von den äußeren Ereignissen im
höchsten Maße gekennzeichnet. Der Umschwung im Schaffen Pawlikowskas
entspricht dem Bruch mit allem Bisherigen. Die Gedichte der Zwischenkriegszeit
bilden eine kontinuierliche Entwicklung von der Faszination des Lebens und der
Natur bis hin zur völligen Resigniertheit gegenüber der Macht der Natur und zur

---

[33] Der Stellung der spirituellen Thematik im Leben Pawlikowska-Jasnorzewskas widmet ihre Schwester ein
Kapitel in der Biographie, siehe: Samozwaniec, M.: Maria i Magdalena. Kraków 1970. Kapitel: Duchy (Die
Geister). S. 273-289.

völligen Aufgabe der Erotikthematik. Die Werke der Kriegsjahre wurden in folgenden Bänden herausgegeben: „Róża i lasy płonące" (Die Rose und die brennenden Wälder) von 1940 und „Gołąb ofiarny. Zbiór wierszy" (Die Opfertaube. Ein Gedichtssammelband) von 1941. Sie sind in jeder Hinsicht heterogen, gar zerbrochen und widersprüchlich. Die Dichterin und ihr Schaffen litten unter dem physischen und psychischen Bruch dieser Zeit.

Für die Untersuchung der Hauptmotive, die sich durch die Gedichte Pawlikowskas wie ein Leitfaden durch ein künstlerisches Programm ziehen, eignen sich die Werke der ersten und zweiten Schaffensphasen, da sie eine gewisse Homogenität und thematische Einheit bilden. Aus diesem Grund wird das Schaffen, das unter den erdrückenden Einfluss der Kriegszeit entstand, weitgehend ausser Acht gelassen.[35]

III.4.   Das dramatische Schaffen

Das Schicksal der Erotikgedichte und der Werke, die das Lebenswerk Maria Pawlikowska-Jasnorzewskas abschließen, teilt gleichermaßen das dramatische Schaffen der Dichterin. Pawlikowska hinterließ in ihrem Nachlass einige Bühnenstücke, die zwar nicht in erster Linie vom beachtlichen künstlerischen Erfolg zeugten, dafür aber in der Gesellschaft für Aufsehen sorgten[36]. Damit die Bühnenstücke nicht völlig in Vergessenheit geraten, möchte ich sie, wenn auch nur in wenigen Worten, erwähnen. Als Dramatikerin debütiert Pawlikowska im Jahr 1924. Ihr erstes Bühnenstück trägt den Titel „Szofer Archibald" (Der Chauffeur Archibald) und wurde in Warschau aufgeführt. Im Übrigen wird Warschau zur Hauptstadt der Dramaturgie Pawlikowskas. In ihrem Schaffen finden sich sechzehn Bühnenstücke, überwiegend Komödien und drei Radiohörspiele. Einige von ihnen wurden niemals gespielt. Das Manuskript eines der Stücke ist jedoch verlorengegangen. Es handelt sich hier um das Stück

---

[34] siehe: Milanowski, A.: Über die Poesie von Maria Pawlikowska-Jasnorzewska – anders. Diss. der Universität Wien. Wien 1991. Piechal, M.: „Skrzydła wewnętrzne". Poezja 1970, Nr. 7. S. 23-35.
[35] über die Emigrationsphase siehe: Hurnikowa, E.: „Biegnę tam   w myślach moich..." O wierszach emigracyjnych Marii Pawlikowskiej-Jasnorzewskiej. In: Sławek, T. (Hrsg.): Znajomym gościńcem. Prace ofiarowane Prof. Ireneuszowi Opackiemu. Katowice 1993. S. 91-99.
[36] Hurnikowa, E.: Maria Pawlikowska-Jasnorzewska. S. 136f.

„Koniec świata" (Das Ende der Welt), das Pawlikowska gegen 1929 in Zusammenarbeit mit Stanisław Ignacy Witkiewicz geschrieben hat.[37] Das dramatische Schaffen sollte von der Poesie der polnischen Dichterin nicht getrennt werden. Die Bühnenstücke sind möglicherweise gar nur durch das Prisma ihrer Dichtung zu verstehen. P. Kuncewicz behauptet, Pawlikowskas dramatisches Schaffen sei eine Parodie ihrer Lyrik. Der Inhalt sei auf die Spitze der Übertreibung getrieben und ähnelte einer Karikatur.[38]

Das dramatische Schaffen ist aber für das behandelte Thema nur von geringer Bedeutung und wurde hiermit nur der Vollständigkeit halber erwähnt.

IV.   Die Hauptmotive in Maria Pawlikowska-Jasnorzewskas Lyrik

Bei der Auswahl der Hauptmotive, denen das besondere Augenmerk gilt, ist der Vorliebe und Faszination für die Natur und ihrer wachsamen Beobachtung der Welt der Farben Rechnung zu tragen. Somit bildet die Untersuchung der Naturmotive und Farbmotive den Schwerpunkt dieser Abhandlung, wie sie in den ausgewählten Gedichten ihre Widerspiegelung finden. Es werden somit viele Bilder immer wieder aufgegriffen, und ihre Analyse ist ohne ständige Vor- und Rückgriffe auf die untersuchten Gedichte nicht möglich. Um sich jedoch an einen zeitlichen Rahmen anzulehnen, wurde der Versuch unternommen, die Motive im Kontext der Schaffensphasen zu sehen. Dabei wird die Zeit des Zweiten Weltkriegs aus dem bereits erwähnten Grund des völlig anderen Bildes der Lyrik der Dichterin bewusst nur sparsam behandelt. Anzumerken ist, dass die Farbmotive im weitesten Sinne auch mit der Naturthematik stark verzahnt sind. Unter den Werken Pawlikowskas lassen sich zahlreiche immer wiederkehrende Bilder und Themen herauskristallisieren, die zu Hauptmotiven zusammengefasst werden können. Das Schaffen der Dichterin stützt sich, und das sollte an dieser Stelle noch einmal betont werden, auf zwei imposante Fundamente: Die Thematik der Liebe und der Natur. Zahlreiche Motive werden nur am Rande der Darstellung präsentiert. Sie werden nicht vollständig in die Analyse einbezogen u.a. aufgrund

---

[37] Samozwaniec, M.: Maria i Magdalena.Kraków 1970. S. 110. Im Folgenden als - Samozwaniec, M.: Maria i Magdalena - verzeichnet.

ihrer Zersplitterung und Vielfältigkeit, obwohl diese auch zum Verstehen der Werke beitragen würden. Es betrifft die Vertiefung der prägenden Philosophie, die spirituelle Thematik, das Interesse an der Philosophie und an der Kultur Altindiens, die Faszination des Orients sowie den Aspekt der Erotik.

Maria Pawlikowska-Jasnorzewska liebte das Leben und genoss es auf ihre Art. Den höchsten Stellenwert nahm für sie die Liebe ein, und ihr gab sie sich grenzenlos hin.

Pawlikowska traute sich über die Liebe konkret zu sprechen. Es war nicht das geistig beflügelte Liebesgefühl wie von den Romantikern besungen, denn nur auf diese Art geziemt es sich für eine Frau über ihr Gefühlsleben zu berichten. Nein, es ist ein menschliches Gefühl, reichlich mit körperlichen Komponenten des Verlangens bestückt. Daran lag das Novum der Gedichte Pawlikowskas zu ihrer Zeit. Keine Frau vor ihr traute sich, ihr lyrisches Ich so geradelinig über die Menschlichkeit der Liebe sprechen zu lassen. Sie schrieb aber nicht zu direkt, indiskret oder gar vulgär über das schönste der Gefühle. Die Erotik spielte sie gekonnt dezent und taktvoll aus. Nicht selten versetzte sie die aufregenden Erlebnisse und Eindrücke in die Welt der Natur. Für Pawlikowska waren die beiden Welten, die Sphäre der Liebe und der Natur, eng miteinander verwoben. Den Gefühlen gab sie den Ausdruck durch den Wortschatz der Natur. Die Liebespartner waren stark in der Natur verankert: Die Geliebte ist wie eine Blume, häufig eine Rose. Der Geliebte ist stark wie eine Eiche. Ihre Körperteile ähneln den Naturelementen wie z.B. die Arme, die wie Zweige und die Lippen, die wie der rosa Ozean sind.

Die Epoche des Jungen Polens, in der die Lyrik Pawlikowskas verankert ist, war von der Kunst des Orients und des Fernen Ostens inspiriert. Aus der Mode jener Zeit und der Inspiration erwuchsen mehrere Gedichte Pawlikowskas. Ich beschränke mich nur auf ihre Aufzählung. Es sind „Goździk z Szanghaju" (Die Nelke aus Schanghai), „Ptaszki japońskie" (Die japanischen Vögelein), „Madama Butterfly" (Madame Butterfly) und „Chinoiserie" (Chinioserie)[39].

Ein weiteres breites Feld des Schaffens stellt die philosophisch-metaphysische Thematik begleitet von dem zur Modeerscheinung gewordenen Okkultismus dar.

---

[38] Kuncewicz, P.: Biologia czuła i okrutna... S. 11.
[39] siehe Malinowski, A.: Über die Poesie von Maria Pawlikowska-Jasnorzewska – anders. Diss. der Universität Wien. Wien 1991. S. 144ff.

Die Erfahrungen des Irrationalismus werden in den Gedichten der Bände „Paryż"
(Paris) und „Profil białej damy" (Das Profil der weißen Dame) thematisiert.

Die Suche nach neuen Idealen führte im Schaffen Pawlikowskas zur Hinwendung
zu den Werken der großen Philosophen. Am schärfsten zeichnete sich der
Gegensatz von Instinkt und Intellekt ab, wie er sich in den Lehren Bergsons und
Nietzsches wiederfindet. In der enormen Bedeutung, die Pawlikowska der Musik
zuschrieb, ist der Widerhall der Gedanken Nietzsches und Schopenhauers
unüberhörbar[40].

Einen weiteren Aspekt der Lyrik verkörpert die obsessive Angst vor dem Tod, die
stark von der Lektüre Maeterlincks motiviert ist. Pawlikowska ging ihrem
spirituellen Interesse nach und begab sich auf die Suche nach der Verkörperung
des Todes und nach den Möglichkeiten der Palingenese[41]. In ihren Werken
eröffnete sie ein Kabinett von irrationalen Wesen und Erscheinungen[42]. Die von
den Religionen Altindiens motivierten Bilder in der Lyrik Pawlikowskas beiseite
lassend und von den prägenden philosophischen Einflüssen abgesehen, wende ich
mich nun dem Hauptaugenmerk dieser Untersuchung, der Thematik der Farben
und der Natur, zu.

IV.1.   Die Farbmotive

> ...oddać to, co niewyrażalne,
> wyrazić piękno koloru.[43]

Als erstes möchte ich die Farbmotive erörtern, da dieses Phänomen in der ersten
Schaffensphase am stärksten ausgeprägt ist. Im Einklang mit zahlreichen
Literaturwissenschaftlern sei hier darauf hingewiesen, dass die besondere
Sensibilität Maria Pawlikowska-Jasnorzewskas gegenüber der Farbe im

---

[40] vgl. Kwiatkowski, J.: Maria Pawlikowska-Jasnorzewska. S. XLIXff.
[41] vgl. Malinowski, A.: Über die Poesie von Maria Pawlikowska-Jasnorzewska – anders. Diss. der Univ. Wien. Wien 1991. S. 274ff.
[42] vgl. Kwiatkowski, J.: Maria Pawlikowska-Jasnorzewska. S. LVIIIff.
[43] /(...) das wiederzugeben, was unausdrückbar ist, die Schönheit der Farbe zum Ausdruck bringen. – Übers./
Aus: Kwiatkowski, J.: Janusowe oblicza natury. O poezji Marii Pawlikowskiej-Jasnorzewskiej. Twórczość 1956, Nr. 4. S. 73-96.

Zusammenhang mit ihrer künstlerischen Begabung und der Atmosphäre des Elternhauses gesehen werden soll.

Pawlikowska entstammte einer traditionsreichen Malerfamilie, in der der Umgang mit Farben die Weltanschauung und –wahrnehmung formte. Der im übertragenen Sinne häufige Griff zur Farbpalette als Darstellungsmittel vervollständigt die lyrische Aussage ihrer Werke und verleiht ihr ein besonderes Flair. Worte allein besitzen diese Aussagekraft nicht. Da, wo Worte nicht mehr fähig sind, die Enormität der Inhalte zu tragen, wendet sich die Dichterin zu den malerischen Mitteln, um auszudrücken, was in Worte kaum zu fassen wäre. Die Gedichte der ersten Schaffensperiode sind in hellen und warmen Farbtönen gezeichnet und schaffen eine fröhliche lyrische Stimmung. Ihre sprachliche Malerei ist aber nicht alleine auf die familiäre Tradition zurückzuführen. Zweifellos begünstigte diese Atmosphäre das Interesse an der Malerei, aber Pawlikowska selbst war künstlerisch begabt und entwickelte ihr Talent zuerst während ihrer kurzen Studienzeit an der Kunstakademie in Krakau und später im Selbststudium. Sie war der Aquarellmalerei verpflichtet, überwiegend im Sinne der vergangenen Epoche der Sezession. Durch die permanente Verwendung der Farbeindrücke zeigt sie eine starke Beziehung und Faszination von Impressionismus und Formalismus. Darauf ist auch die Beziehung zwischen Licht und Farbe zurückzuführen. In den Gedichten der ersten und sehr optimistischen Periode findet man eine breite Farbpalette. Mit den Farben, oft mit ihren Äquivalenten aus der Fachsprache der bildenden Kunst verbunden, zeichnet sie die schönsten Bilder der Natur. Die Faszination des Lichtes und aller Phänomene der physikalischen Erscheinung wie die Lichtdispersion, der Regenbogeneffekt und ein scheinbar banales Auftreten vom Gegenbild des Lichts, also des Schattens, wachsen bei Pawlikowska zu fesselnden Eindrücken voller Lichtreflexe und abgestufter Farbtöne. Häufig bedient sich die Dichterin der Farbe bei der Darstellung des Lichts, um den Eindruck zu verstärken und zu differenzieren. Das Licht bekennt Farbe und schimmert bunt in den Versen der 20er Jahre.

IV.1.1. Silber und Gold

Ich wende mich zuerst der Quelle des Lichts, der Sonne, zu. Der uns nächste Stern spendet der Erde die Lebensenergie in Form von Licht und Wärme. Und als solche wohltuende Kraft scheint die Sonne zwischen den Versen bei Pawlikowska hervor. An dieser Stelle sei es passend zu verzeichnen, dass ihr Vater, Wojciech Kossak, von den Töchtern als „Król-Słońce" („Sonnenkönig") bezeichnet wurde[44].

Wie der Vater stets das Leben der Dichterin begleitet, spielt die Sonne in vielen Gedichten die Schlüsselrolle.

Im Gedicht „Świt" (Morgendämmerung) geht die Sonne auf. Sogleich vereinigt die Dichterin das Licht mit der Farbe:

Spod ziemi barwa żółta wykwitała[45]

Die plastische Darstellung des Sonnenlichts wird durch den botanischen Aspekt des Hervorblühens zusätzlich unterstrichen. Die Sonne als unentbehrlicher Bestandteil der Natur blüht wie eine Pflanze auf.

Der unumgängliche und zudringliche Begleiter des Lichts darf nicht farblos erscheinen.

In einem Gedicht mit dem programmatischen Titel „Barwy" (Farben) bekennt der Schatten Farbe:

Oto jest fiolet – drzewa cień idący żwirem,[46]

Auf dieses Gedicht komme ich noch einige Male zu sprechen, da es in der Tat das breiteste Spektrum an Farben enthält.

Zu den wichtigsten Farbepitheta in den malerischen Gedichten der ersten Schaffensperiode gehören gewiss das Silber des Mondes, ganz im Sinne der Rokokotradition und das Gold der Sonne. Die beiden Himmelskörper nehmen eine bedeutende Stellung in den Versen ein und beleuchten sie mit ihrem

---

[44] Samozwaniec, M.: Maria i Magdalena. S. 13.
[45] /Unter der Erde hervor blühte die gelbe Farbe auf. – Übers./ Alle Gedichte zitiert nach: Maria Pawlikowska-Jasnorzewska. Wybór poezji. 5. Aufl. Wrocław-Warszawa-Kraków 1998.
[46] /Da ist das Violett, der über den Kiessand gehende Baumschatten – Übers./

goldenen und silbernen Schein. Das Gedicht „Madrygał" (Das Madrigal) aus dem zweiten Gedichtband „Różowa magia" (Der rosa Zauber) ertrinkt geradezu in diesem Schein. Es besteht aus neun Strophen, von denen die geradezahligen mit der Anapher „niechaj" anfangen und jedesmal das Licht der Sonne und den Schein des Mondes hervorbringen:

> Niechaj księżyc brocząc w srebrze po niebie kroczy,
> niechaj słońce w własnym złocie po niebie broczy, (...)
>
> Niechaj księżyc w srebrnych kolcach rozbłyska nocą,
> niechaj słońca złote kolce w oknie migocą, (...)
>
> Niechaj księżyc cebrem leje potoki srebra,
> niechaj słońce złoto leje z jasnego cebra, (...)
>
> Niechaj księżyc stroi ziemię w srebrzystą larwę,
> niecaj słońce stroi ziemię w teczową barwę, [47]

Die Sonne spendet zuletzt das Licht, das dispersiert werden kann und schmückt die Erde mit der vollständigen Farbpalette des Regenbogens, angereichert durch das Silber und Gold beider Himmelskörper. Das barockstilisierte Gedicht „überflutet" das Bild der Welt mit dem schweren Gold der Sonne und dem Silber des Mondes. Die letzten Verse jedoch füllen die Erde mit dem farbigen Regenbogen, der das lyrische Ich erfüllen soll, denn das ist „das Licht des Glücks, das der Welt nicht bekannt ist", wie es aus dem letzten Vers dieses Gedichts hervorgeht.

Das zurückgeworfene Licht des Mondes umhüllt die Atmosphäre des Gedichtes „Lunatyk" (Der Mondsüchtige) und lässt die silberne Farbe allgegenwärtig werden.

> (...) twarz lunatyka
> śpiącego w srebnym łożu.
> Lunatyk w śnie się miota obok srebrnej żony. (...)
>
> Po czym lunatyk z cieniem, jak dwa koty zwinne,
> przez sypialnię z balkonu przechodzą na rynnę,
> trzymając się srebrnej smugi.

---

[47]/Möge der Mond mit Silber besudelt auf dem Himmel schreiten,/ möge die Sonne im eigenen Gold auf dem Himmel tränken, (...) // Möge der Mond in silbernen Stacheln nachts aufleuchten, / mögen die goldenen Stacheln der Sonne im Fenster flimmern, (...) // Möge der Mond in Strömen das Silber gießen, / möge die Sonne das Gold aus hellem Zuber gießen, (...) // Möge der Mond die Erde mit einer silbrigen Gesichtsmaske zieren, / möge die Sonne die Erde mit einer Regenbogenfarbe schmücken, - Übers./

> (...) ktoś otulił brokatem w księżycowe kwiaty
> srebrną żonę, leżącą na boku...[48]

Diese Verse sind voll erhabenen silbernen Lichts, doch das Thema des Geschehens ist sehr prosaisch und endet mit der lapidaren Feststellung, dass die Ehefrau in einem unübertroffenen Stoff umhüllt wird, während sie so alltäglich auf der Seite liegend friedlich schläft. Der Kontrast, dessen sie sich in der Darstellung bediente, ist zum Aushängeschild Pawlikowskas geworden. Die Dichterin verfiel in einen pathetischen Ton, verwendete häufig sehr gehobene und ausgefallene Ausdrücke, die jedoch am Ende auf die entpoetisierte Pointe treffen.[49] Diesen künstlerischen Griff beherrschte Pawlikowska meisterhaft und verwendete ihn sehr oft in ihren Werken. Da dieser Aspekt nicht in den Rahmen der Untersuchung fällt, muss er an dieser Stelle ausgelassen werden.

Damit kehre ich zum Bild der Sonne in den Gedichten Pawlikowskas zurück, die nicht nur als Bestandteil der Natur zu sehen ist, sondern auch ihre Kraft zur Zerstörung des Lebens einsetzen könnte.

Die Dichterin erzählt im Gedicht „Dwa słońca" (Zwei Sonnen) von einer unheilbringenden Naturkatastrophe, bei der zwei Sonnen am Firmament aufleuchten:

> Dwa wielkie, złote słońca, zaświtały społem,
> żółcią strachu przestwór zalały,[50]

Dieses Werk veranschaulicht die Verzweiflung und Ohnmacht des Menschen gegenüber den Naturmächten. Das lyrische Ich zeigt seine Ehrfurcht vor der Sonne als lebenspendendem Naturelement, das aber gleichermaßen eine vernichtende Wirkung haben kann.

Auf eine Stellung der Sonne gegenüber der vollen Anbetung und Huldigung der Menschen weist das lyrische Ich im Gedichtzyklus „Słońcu w hołdzie" (Der Sonne zu Ehren) aus dem Band „Krystalizacje" (Die Kristallisationen) hin. In

---

[48] /(...) das Gesicht des Mondsüchtigen, / der in einem silbernen Bett schläft. / Der Mondsüchtige wälzt sich neben der silbernen Ehefrau herum. // Danach gehen der Mondsüchtige und der Schatten, flink wie zwei Katzen, / durch das Schlafzimmer vom Balkon auf die Rinne, / sich an dem silbernen Streifen haltend. // (...) jemand umhüllte in den Brokat mit einem Mondblumenmuster / die silberne Ehefrau, die auf der Seite lag... – Übers./
[49] vgl.: Kwiatkowski, J.: Maria Pawlikowska-Jasnorzewska. S.XLIVff.
[50] /Zwei große, goldene Sonnen dämmerten gemeinsam auf, / mit der Galle der Angst überfluteten sie den Raum. (Im Polnischen bedeutet „żółć" sowohl die Galle als auch das Gelb oder der Zorn.) – Übers./

diesem Werk erinnert Pawlikowska an die Zeit, in der die Sonne vergöttlicht wurde. Es handelt sich um den altägyptischen Gott der Sonne – Re. Die größte Ehre gilt dem Gott, der, obwohl die Menschen heutzutage die Sonne ausschließlich als Licht- und Wärmequelle wahrnehmen und dieses Naturelement nicht mehr verehren, die Welt immer noch zu einem „aus Gold geschmiedeten Tempel" macht. In dem fünften und zugleich letzten Gedicht aus diesem Zyklus wendet sich das lyrische Ich direkt an die Sonne und teilt ihr in einer Apostrophe mit, dass nur die Sonnenblume und das lyrische Ich ihr die Treue gehalten haben:

> I tylko kwiat, słonecznik pozostał ci wierny,
> Złociście opisując trysk protuberancyj,
> I ja, (...)
> Wielbię pamiątkę kultu twojego:
> Monstrancję - -[51]

Pawlikowska griff noch einmal auf die Sonnenblume als Abbild der Sonne zurück und setzte für das lyrische Ich eine Monstranz als Verkörperung des Sterns. Bei Pawlikowska begleiten die Sonne und der Mond nur selten solche unheimlichen Naturerscheinungen, wie die aus dem Gedicht „Dwa Słońca" (Zwei Sonnen). Vielmehr sind die Himmelskörper als integrierte Bestandteile der Landschaft zu sehen. In dieser Funktion unterstreichen sie eher die Vielfalt und die Schönheit der Natur und lassen sie im schönsten Licht erscheinen.

Und zuletzt noch zwei Vergleiche, die wiederum die durch und durch weibliche Sicht der Welt hervorheben, die in den Versen Pawlikowskas nicht mehr wegzudenken ist. Der erste stammt aus dem Gedicht „Teatr" (Das Theater) und bringt die Farbe der seidenen Vorhänge in jenem Theater zum Ausdruck, wodurch noch einmal der weibliche Aspekt in den Gedichten veranschaulicht wird:

> A spod zwojów jedwabiu złotego jak słońce.[52]

Im Gedicht „chwila na werandzie" (Ein Augenblick auf der Veranda) aus dem Band „Dancing" finden wir den zweiten Vergleich:

---

[51] /Und nur eine Blume, die Sonnenblume ist dir treu geblieben, / Auf goldige Weise den Guß der Proturberanzen beschreibend, / Und ich, (...) / Verehre das Geheimnis deines Kultes: Die Monstranz. – Übers./
[52] /Und unter den wie Sonne goldenen Seidenwickeln hervor. – Übers./

a księżyc jest jak pierś srebrzysta [53]

Mit den an dieser Stelle ausgiebig präsentierten Beispielen wurde die Dominanz von Gold und Silber in der Darstellung der Himmelskörper Sonne und Mond bezeugt. Die Natur in den Werken Pawlikowskas schimmert nicht nur in diesen edlen Farben. Die Natur ist noch farbenvoller. Die Palette der Farben, die das Licht liefert, wird von der polnischen Dichterin vermehrt. Die vollständige Vielfalt der Farben in dieser Abhandlung darzustellen, ginge weit über die gesetzten Grenzen hinaus. Aus diesem Grund beschränke ich die Auswahl der Farben nur auf einige Gedichte, die zum größten Teil die Farbe und das Licht vereinigen. Dieses Phänomen wird im nachfolgenden Kapitel behandelt.

IV.1.2.   Die Farben des Lichts

Mit der Lichtdispersion als Antidotum gegen die Einsamkeit führte die polnische Dichterin eine umfassende Farbskala in die Gedichte ein. Wie farbig die in den Gedichtbänden gefundenen, sprachlich gezeichneten Bilder sein können, spiegelt zuweilen die Assoziation der Gedichte mit den berühmten Kunstwerken der Malerei wider. Auf diese Erscheinung machte bereits im Jahr 1936 der polnische Literaturwissenschaftler Kazimierz Czachowski in seinem Werk aufmerksam:

> Porównań dla poezji Pawlikowskiej można szukać w dziełach sztuk plastycznych, przedewszyskiem w malarstwie. Jeśli pierwsze jej utwory z cyklu Niebieskie migdały, (...) znaleźćby mogły świetną interpretatorkę w Stryjeńskiej, dla wielu późniejszych poezyj Pawlikowskiej najlepszemi ilustracjami byłyby obrazy Boecklina. Pomysły wyobraźni poetyckiej Pawlikowskiej bardzo przypominają malarstwo Boecklina, co najwidoczniej się ujawnia w częstem mitologizowaniu uczuć zapomocą bożków morskich. (...) W Ciszy leśnej, której tytuł też nasuwa wspomnienie Boecklina, obraz poetycki Lasu Ciemnosmreczeńskiego(...). Ale np. do Dancingu dobieraćby trzeba rysunki raczej Ropsa (...). Czytając zaś Ciężarną, musi się pomyśleć o rzeźbach Dunikowskiego. To zestawienie poezji z rzeźbą ma głębsze uzasadnienie. Bo poezja Marji Pawlikowskiej ma

---

[53] /und der Mond ist wie eine silberne Brust – Übers./

bezwątpienia charakter posągowy, wytrzymujący miarę wielkości monumentalnej.[54]

Die an dieser Stelle angebrachte, ausführliche Charakteristik einiger Gedichte Pawlikowskas bringt die Aussagekraft der enthaltenen Bilder auf den Punkt.

Im weiteren Verlauf der Abhandlung wird ein Versuch unternommen, das Ausmaß der Malerei in der Lyrik der „slavischen Sappho"[55] zu erfassen. Die Schwierigkeit besteht jedoch darin, dass beinahe alle Gedichte durch das Prisma der bildenden Kunst betrachtet werden können. Ich bemühe mich nur auf die charakteristischen Gedichte einzugehen, um die Verfahrensweise der Dichterin zu veranschaulichen.

Das Licht vereinigt in sich alle Farbtöne des Regenbogens und damit das Geheimis der Farbe. Das Gedicht „Zachód słońca na zamku" (Der Sonnenuntergang auf dem Schloss) basiert auf dem Phänomen der Lichtdispersion. Die lyrische Beschreibung des Sonnenuntergangs auf dem königlichen Wawel-Schloss in Krakau ertrinkt in voller Farbenpracht.

> Wawel płonie – różowo-fijołkowo-przeźroczy.
> Szyby żegnają słońce, które w dół się toczy,[56]

Dasselbe Lichtphänomen spiegelt sich ebenfalls im Gedicht „Barwy" (Die Farben) wider:

> A we mnie biało, biało, cicho, jednostajnie –
> bo noszę w sobie wszystkich barw skupioną tajnię. –
> O jakże się w białości mojej bieli męczę –
> chcę barwą być – a któż mnie rozbije na tęczę?[57]

---

[54] /Nach Vergleichen für die Lyrik Pawlikowskas kann man unter den Werken der bildenden Kunst suchen, vor allem in der Malerei. Wenn ihre ersten Werke aus dem Zyklus „Blaue Mandeln", (...) eine herrliche Interpretin in Stryjenska fänden, so wären für viele spätere Gedichte Pawlikowskas die Bilder Boecklings die besten Illustrationen. Die Ideen des poetischen Vorstellungsvermögens Pawlikowskas erinnern sehr an die Malerei Boecklings, was sich am stärksten durch häufige Mythologisierung der Gefühle mit Hilfe der Meeresgötter veranschaulicht. (...) In „Waldstille", der bereits der Titel eine Erinnerung an Boecklings poetisches Bild „Las Ciemnosmreczeński" hervorruft (...). Aber zu „Dancing" sollte man eher die Zeichnungen von Rops wählen (...). Wenn man aber „Die Schwangere" liest, muss man an die Skulpturen Dunikowskis denken. Diese Gegenüberstellung der Poesie mit der Skulptur hat eine tiefere Begründung, da die Poesie Maria Pawlikowskas ohne Zweifel einen majestätischen Charakter aufweist, der das Maß der Monumentalgröße aushält. – Übers./ Czachowski, K.: Obraz współczesnej literatury polskiej 1884-1934. Bd 3. Warszawa-Lwów 1936. S. 402.
[55] In der Forschung wird die Dichterin oft als „slavische Sappho" bezeichnet nach dem Aufsatz: Głowiński, M., Sławiński, J.: Sapho słowieńska. Twórczość 1956, Nr. 4. S. 116-132.
[56] „Der Wawel brennt – rosa-violett-transparent. / Die Glasscheiben verabschieden die Sonne, die abwärts rollt, - Übers./
[57] /Und in mir ist es weiß, weiß, still, eintönig - / weil ich aller Farben konzentriertes Geheimnis in mir trage. - / Oh, wie ich mich in der Weiße meines Weißen quäle - / ich will eine Farbe sein – doch wer zersprengt mich in den Regenbogen? – Übers./

Das lyrische Ich vereinigt das Geheimnis aller Regenbogenfarben in sich wie das weiße Licht die vollständige Farbpalette beinhaltet. Die Weiße des Weißen (białość bieli) betont durch den Pleonasmus wird zur Qual für das lyrische Ich, das von der Farbenpracht träumt und nach Befreiung durch das Brechen des weißen Lichts ruft. Die rhetorische Frage, mit der das Gedicht endet, ist ein immer wiederkehrender Ruf des lyrischen Ich nach Liebe. Die Befreiung aus den Fesseln des quälenden Weiß ist gleichzeitig die Schwelle zum Glück, zum vielfarbigen Leben und farbenfrohen Dasein im Rahmen der Zweisamkeit.

Die Welt erscheint in den Gedichten Pawlikowskas in beeindruckender Farbenvielfalt. Die ausdrückliche Sensibilität der Farben nutzt sie zur noch stärkeren Hervorhebung der Schönheit der umgebenden Welt und findet Ausdruck in der Farbzusammenstellung und Farbvermischung. Durch die farbliche Unterscheidung schafft Pawlikowska konkrete, unnachahmliche, unwiederholbare Bilder[58] und eine einzigartige und flüchtige Atmosphäre. Sie differenziert einzelne Farbtöne und Zwischentöne, um die breite Palette der bunten Möglichkeiten zu multiplizieren. Dabei bedient sie sich nicht selten der Fachterminologie aus dem Gebiet der Malerei.

Die Farben erscheinen in unterschiedlicher Intensität, in Abstufungen und in verschiedenem Licht. Das Rot, um ein Beispiel zu verdeutlichen, nimmt einmal die Intensität von „reinem Karmin" /„i w czystym karminie", im Gedicht „Historia o admirale" (Die Geschichte über einen Admiral)/ an, ein anderes Mal vom „Amarant" im Gedicht „Wściekłe bratki" (Die wütenden Stiefmütterchen). Ein weiteres Mal erscheint das Rot als Farbe eines „getrockneten Blattes" wie im Werk „Amazonka" (Die Amazone).

Im vergleichbar reichen Farbenparadigma tritt das Grün auf. Einmal ist es das „fröhliche Grün" der Birken aus dem Gedicht „Barwy" (Die Farben), später ist es eine helle Variation der grünen Farbe, die das Gras kennzeichnet und die im Gedicht „Gobelin" (Der Gobelin) unter der Bezeichnung „vert Veronese" zu finden ist. In demselben Gedicht sucht das lyrische Ich nach einer Möglichkeit, „in den kornblumenblau-grünen Gobelin" zu fliehen, sich in den Farben von dem menschlichen Alltag zu erholen. Hier erscheint die bunte Welt der wolligen

---

[58] vgl. Kuncewicz, P.: Biologia czuła i okrutna. S. 33f.

26

Umgebung des Gobelins als ein Zufluchtsort nach dem anstrengenden Dasein als Mensch.

Die farblichen Epiteta sind ausgefallen und oft überraschend eingesetzt. Sie unterstreichen zweifellos die Einzigartigkeit der dargestellten Welt, da sich Pawlikowska stets bemüht, ihre Eindrücke mit Hilfe von präzisen und unausschöpflichen Tönen zu untermalen. Der häufige Griff zur Zusammensetzung der Farben lässt das Dargestellte sehr plastisch und einzigartig erscheinen. Man trifft auf die „violett-türkisen Sehnsüchte" im Gedicht „Cykorie" (Die Zichorien) oder auf das Meer, das im Gedicht „Morze" (Das Meer) mittels eines Vergleichs mit einem Kleid, das „violett-grün" schimmert, charakterisiert wird. In der Schilderung eines Lichtspiels greift Pawlikowska auf eine komplexe Farbsetzung zurück. Im bereits vorher angesprochenen Gedicht „Zachód słońca na zamku" (Der Sonnenuntergang auf dem Schloss) brennt das Schloss-Wawel im „rosa-veilchenblau-transparenten" Ton.

Angefangen mit dem 1926 erschienen Gedichtband „Pocałunki" (Die Küsse) lässt sich das sukzessive Verblassen der Farbenpracht beobachten. Die Farbenvielfalt weicht den dezenten Pastelltönen, die durch eine zusätzliche Abschwächung der Intensität gekennzeichnet werden. Diese Abstufung der Farben wird im konkreten Gebrauch des Verbs „verblassen" überaus deutlich. Das Verblassen der Welt und der Verlust der Farbenintensität sind zur Zeit der Abenddämmerung am schärfsten zu sehen. In folgenden Versen des Gedichts „Zmierzch na morzu" (Die Abenddämmerung auf dem Meer) wird die Welt zu dieser Tageszeit thematisiert:

> Wybrzeże coraz bledsze
> w liliowej półżałobie...[59]

In der Darstellung der Küste wird die Abstufung der Farbe d.h. das Verblassen durch die Halbtrauer unterstrichen. Die Welt erscheint in einem gedämpften Licht und in einer traurigen Stimmung. Mit diesem Bild der Küste kongruiert die Darstellung eines Parks aus dem Gedicht „Róża" (Die Rose):

> W tym parku pobladłym, bez śmiechów i gości,
> przy róży rozkwitłej stoję.[60]

---

[59] /Die Küste immer blasser / in lilafarbiger Halbtrauer... – Übers./

Das Verblassen der Bilder betrifft nicht nur eine weite Fläche der Küste und einen eingeschränkten Raum der Natur in Form eines Parks, es drängt gleichermaßen in die Mikrowelt der Natur ein, die in den Raum eines Balkons eingeschlossen wird. Im dargestellten, silbernen Licht des Mondes, in das der Raum versunkenen ist, stößt man auf folgende Zeichnung in dem Gedicht „Na balkonie" (Auf dem Balkon):

> Na srebrnym balkonie pękatym,
> w smudze lipowych olejków,
> milczymy. W skrzynkach drżą kwiaty,
> powój dźwiga noc w pobladłym lejku.[61]

Die Materialisierung der Nacht, die in der dargelegten Strophe sichtbar ist, wird in einer weiteren poetischen Miniatur aus dem Gedichtband „Pocałunki" (Die Küsse) vergegenwärtigt. Dieses Werk enthält eine Metapher „księżyc, tapicer blady" (der Mond, ein blasser Tapezierer)[62], der die vielfältige Einsetzung des Epithetons „blass" bezeugt.

Die Stimmung in den Werken aus der Zeit der ersten Schaffensperiode ist von Farbeffekten bestimmt. Die lyrische Welt scheint Farbe zu „atmen". Zu den von der Farbenvielfalt durchdrungenen Gedichten gehören weiterhin: „Dywan perski" (Der persische Teppich), „O biskupie fiołkowym" (Über den veilchenvioletten Bischof) „Olejne jabłka" (Die Öläpfel). Um die Auswahl der programmatischen Gedichte zu erweitern und um das Spektrum der Farben zu vervollständigen, kehre ich aber noch einmal zu den bereits erwähnten Werken zurück: „Świt" (Die Morgendämmerung), „Barwy" (Die Farben) sowie des Weiteren „Zachód słońca na zamku" (Der Sonnenuntergang auf dem Schloss) zurück.

Die Besonderheit der lyrischen Darstellung in den oben aufgezählten Gedichten besteht in der Verwendung der klaren Farbtöne des Regenbogens. Die Verse sind geradezu durchtränkt von Tönen des Farbenspektums des physikalischen Phänomens der Lichtdispersion, obgleich dieser Effekt nicht direkt thematisiert wird.

---

[60] /In diesem erbleichten Park, ohne Lachen und Gäste, / an einer erblühten Rose stehe ich. – Übers./
[61] /Auf dem silbernen, bauchigen Balkon, / in dem Streifen der Lindenöle, / schweigen wir. In den Kästen zittern die Blumen, / die Winde hebt die Nacht im erblassten Trichter empor. - Übers./
[62] In diesem Gedicht handelt es sich jedoch um eine Verwechslung. Der im Originaltext erwähnte Tapezierer (poln. tapicer), der über das Bett einer alten Frau Tapeten voller Erinnerungen aufrollt, müsste „tapeciarz" heißen. Denn die Berufsbezeichnung „tapicer" ist im Polnischen für den Polsterer reserviert.

Eine solche wirkungsvolle Vielfalt enthält das mehrmals erwähnte Gedicht „Barwy" (Die Farben) aus dem Debütband:

> Oto jest fiolet – drzewa cień idący żwirem,
> fiolet łączący miłość czerwieni z szafirem. –
> Tam brzóz różowa kora i zieleń wesoła,
> a w jej ruchliwej sukni nieb błękitne koła.[63]

Bei der Schmückung der Welt greift die Dichterin gerne zur Farbpalette und zeichnet gekonnt lyrische Bilder. Von Strophe zu Strophe beweist sie, wie meisterhaft und phantasievoll sie mit den Farben umzugehen weiß. Des Öfteren lässt sie die Farben ineinander fließen, einen neuen Farbfleck bilden und hebt die Vielfalt und Unverwechselbarkeit der Naturelemente hervor.

Um noch ein letztes Mal dieses Phänomen zu beleuchten, wende ich die Aufmerksamkeit erneut auf das Gedicht „Zachód słońca na zamku" (Der Sonnenuntergang auf dem Schloss), dessen Verse die Lichtdispersion enthalten und die Sinneswahrnehmung der Farben mit denen der Musik vermischen:

> jak czerwień śpiewa o szczęściu, a fiolet w rozpaczy,
> że świat jest barwnym dźwiękiem, który nic nie znaczy...[64]

Das Besondere an diesen Versen ist nicht nur die Verbindung von Licht und Klang. Die Dichterin lässt das Rot vom Glück singen, das Violett dagegen von der Verzweiflung. Die Wahl ist nicht zufällig. Wie die Gefühle Glück und Verzweiflung in Opposition zueinander stehen, so liegen die Farben Rot und Violett auf den entgegengesetzten Seiten des Lichtsspektrums. Das Rot als die Strahlung mit der höchsten Wellenlänge und das Violett als die mit der kürzesten. Somit beweist Pawlikowska in ihren Gedichten nicht nur ein hohes Maß an dichterischer Kunst und malerischer Perfektion, sondern auch ihr vielfältiges Interesse auf vielen Gebieten der Wissenschaften.

---

[63] /Da ist das Violett – ein über den Kies schreitender Baumschatten, / das Violett vereint die Liebe des Rots mit Saphir. - / Dort ist der Birke rosafarbene Rinde und das fröhliche Grün, / und in ihrem bewegten Kleid blaue Himmelskreise. – Übers./

[64] /wie das Rot das Glück besingt, und das Violett über die Verzweiflung singt, / dass die Welt ein farbiger Ton ist, der nichts bedeutet... – Übers./

Auf die Funktion der Farben in Pawlikowskas Lyrik lenkt Piotr Kuncewicz[65] die Aufmerksamkeit und unterstreicht die emotionelle Färbung der Aussagen und vor allem die Assoziationen, die auf den Farben basieren. Diese Beobachtungen betreffen in erster Linie die dunklen Farben, die im Zusammenhang mit der Schattenseite des Lebens wie Altsein, Armut und Langeweile stehen. Die Dichterin entzieht sich dem langweiligen, eintönigen Leben. Sie liebt die Sonnenseite des Lebens und zeichnet es in voller Farben- und Formenpracht. Ihre ständigen Bemühungen, jeden blassen, langweiligen Fleck mit bunten Zeichnungen zu füllen, sind in vielen Werken sichtbar.

Im Gedicht „Gobelin" (Der Gobelin) schildert das lyrische Ich einen Wandteppich mit kunstvoll eingewebten Bildern als eine Welt, in der es nach der Qual des Lebens Zuflucht und Geborgenheit finden will. Die Farben, mit denen diese gesuchte Welt gezeichnet ist, reichen vom Kornblumenblau, Grün, Gelb bis zu Grau. Es sind klare Farbtöne, die eine fröhliche Stimmung schaffen, die von der grauen Farbe kaum gestört wird.

> W gobelin modro-zielony, w gobelin żółty i siwy,
> dajcie mi uciec, o ludzie!
> Wkopać się w świat obcy światu, w wełniany dziw
> ponad dziwy,
>
> po życia niesłodkim trudzie. -
> Przecedzić duszę przez wełnę, przecedzić przez
> barwy pawie,
>
> z trosk się oczyścić i łez –
> wejść i odpocząć, i zasnąć, odpocząć z ustami w trawie
> koloru vert Veronese. –[66]

Die Forderung nach einer ruhigen Welt, in die sich das lyrische Ich nach dem Getöse des irdischen Lebens zurückziehen will, wird direkt in der ersten Strophe dieses Gedichts manifestiert. Dieselbe Strophe wird zum Ende wiederholt und umhüllt die Atmosphäre genauso wie sich das lyrische Ich in „das wollige Wunder" einhüllen möchte. Die vorgebrachte Umrahmung des Inhalts durch die

---

[65] Kuncewicz, P.: Biologia czuła i okrutna. S. 34f.
[66] /In den kornblumenblau-grünen Gobelin, in den gelben und ergrauten Gobelin, / lasst mich fliehen, ihr Menschen! / Sich in eine der Welt fremde Welt hineingraben, in das wollige Wunder, / nach der unsüßen Strapaze des Lebens.— / Die Seele durch die Wolle durchsieben, durch die Pfaufarben durchfiltern, / sich von dem Kummer reinigen und von Tränen / hineingehen, entspannen und einschlafen, ruhen mit den Lippen im Gras / in der Farbe vert Veronese. – Übers./

Wiederholung der ersten Strophe verleiht den Versen einen Gebetscharakter und verstärkt die Sehnsucht nach Ruhe, unterstreicht aber gleichzeitig die Schönheit der Welt, in die sich das lyrische Ich zurückziehen will.

Den Höhepunkt der malerischen kunstvollen Darstellung bieten folgende zwei Gedichte aus dem Gedichtsband „Różowa magia" (Der rosa Zauber): „Dywan perski" (Der Perserteppich) und „Olejne jabłka" (Die Öläpfel).

Im „Dywan perski", wie der Titel bereits vermuten lässt, macht die Dichterin die Schilderung eines Perserteppichs zum Gegenstand. Trotz der Illusion einer statischen Beschreibung steigt der Betrachter in das Muster hinein. Die Geometrie der Musterfiguren und die Vermischung der Farben rufen eine dynamische Einheit hervor, die durch die Verben der Bewegung belebt wird.

Kwadrat żółty żałośnie stał na czarnej plamie,
patrząc, jak krzyże białe idą ramię w ramię.

Aż ozdoba środkowa, gwiazda barwy grochu,
wysłała w jego stronę litościwy pochód

kwadracików niebieskich o spojrzeniu słodkiem,
które go otoczyły życzliwym opłotkiem.

A wkoło milcząc różne krążyły potwory:
duży dwukrzyż zielony, dziurawy i chory,

siekierkowe stworzyszcza i żółte hakowce,
rozbiegane po polu jak szalone owce.

Z dala na to patrzyli trójkątowie smutni,
a z wybrzeży rozbrzmiewał wrzask stubarwnej kłótni.[67]

Die Farben Gelb, Schwarz, Weiß, die Farbe der Erbse, das Blau und das Grün, mit denen Pawlikowska ihren Perserteppich gewoben hat, vermischen sich im Auslaut dieses Gedichtes in der Formulierung „das Getöse der hundertfarbigen Streitigkeit". Die Farbe wird zum Laut. Die Farben und Formen vermischen sich zu einem Gekreische. Dieser Kunstgriff lässt die Belebung des Teppichmusters

---

[67] /Ein gelbes Quadrat stand wehmütig auf einem schwarzen Fleck, / schauend wie weiße Kreuze Arm in Arm schreiten. // Bis die zentrale Zierde, ein erbsenfarbener Stern, / in seine Richtung einen mitleidigen Zug schickte // aus kleinen blauen Quadraten mit süßem Blick, / die es mit freundlicher Umzäunung umgaben. //Und drumherum kreisten diverse Ungeheuer: / ein großes Doppelkreuz, grün, löcherig und krank, // axtartige Geschöpfe und gelbe Hakenunwesen, / auseinander gelaufen wie törichte Schafe. // Von weitem beobachteten das die traurigen Dreiecke, / und von den Rändern erschallte das Gekreische der hundertfarbigen Streitigkeit. – Übers./

besser hervortreten. Die Oberfläche ist nicht nur vielfarbig, sondern auch voller Lebendigkeit, voller Bewegung und Stimmen. Das Muster besteht aus regsamen und rührigen Einzelteilen. Die weißen Kreuze gehen Arm in Arm. Die Schmückung inmitten der Fläche, nämlich der erbsengrüne Stern, schickt einen Zug von kleinen blauen Vierecken, die wiederum durch einen süßen Blick gekennzeichnet werden. Der Teppich wird zum eigenartigen Schlachtfeld und der kämpferische Charakter der taktischen Züge wird durch die Verben verschärft: Arm in Arm schreiten, einen Zug schicken, drumherum kreisen. An einem anderen Ende kreisen Ungeheuer, und weitere dahin stürmende Musterelemente vervollständigen den unbändigen und man möchte fast sagen buntscheckigen Lärm. Durch die zahlreichen Verben der Bewegung und durch die Verben des Sprechens gelingt es der Dichterin leicht, den Eindruck der Lebendigkeit auf der Teppichoberfläche hervorzurufen.

Das zweite angekündigte Werk „Olejne jabłka" (Die Öläpfel) schildert ebenfalls das Leben auf einer scheinbar unregsamen, toten Oberfläche. Es handelt sich hier um ein Gemälde mit einem Apfelmotiv, wie es bereits aus dem Titel hervorgeht. In diesem „literarischen Ölgemälde" erfass die Dichterin eine Bewegung, die gerade so erstarrt zu sein scheint. Das Stilleben auf dem Bild wird detailliert mit kunstvoll gelegten Farbflecken gezeichnet, die das aufmerksame Auge einer Malerin vermuten lassen:

> Jabłko z modrym konturem kwadratowo krzywe,
> pociągnięte zielenią, którą kraplak plami,
> ma na policzku białe światełko jak żywe,
> i jest jabłkiem przy jabłku, w jabłkach, pod jabłkami.
>
> Talerz czarno-niebieski, a nad tym przepychem
> draperia wisi w fałdach z ciepłego kamienia.
> Zaś na obrus, gdzie biele cynkowe śnią ciche,
> toczy się – jeszcze jabłko – z modrym krążkiem cienia.[68]

Die Virtuosität der Farblegung auf die poetische Malerwand ist kaum zu übersehen. Die angebotene Farbskala verrät die sensible Sinneswahrnehmung des lyrischen Ich. Neben den gängigen Farbbezeichnungen macht uns die Dichterin

---

[68] /Der Apfel mit dunkelblauem Umriss, quadratisch schief, / mit dem Grün gestrichen, das von Krapplack befleckt wird, / hat auf der Wange ein weißes Lichtlein wie lebendig, / und es ist ein Apfel an einem Apfel, in den Äpfeln, unter den Äpfeln. // Der schwarz-blaue Teller, und über dieser Pracht / hängt eine Draperie voller Falten

mit weiteren Begriffen bekannt. Das Bild ist von der dunkelblauen Farbe der Kornblume dominiert. Selbst der Schatten erhält den kornblumenblauen Farbton. Neben den alltäglichen Bezeichnungen wie grün, schwarz oder weiß finden sich auf dem Bild auch durch Fachbegriffe gekennzeichnete Farben wie der Krapplack oder das Zinkweiß. Die Spur der weißen Farbe weiter verfolgend, lässt sich beobachten, dass dieser Farbe das ruhige Verhalten zugeschrieben wird. Das Zinkweiß „träumt ruhig" und ruft dadurch die Analogie zum Gedicht „Barwy" (Die Farben) hervor, in dem das lyrische Ich gesteht: „Und in mir ist es weiß, weiß, ruhig, eintönig -".

Die exemplarisch herangeführten Gedichte aus den ersten zwei Gedichtbänden weisen eine enorme Intensität der Farben auf, und das nicht nur in den Titeln der Bände. Es sind meistens helle, klare, warme Töne, die nicht selten durch fachmännische Bezeichnungen hervorgehoben werden. Das Spiel mit den Farben sowie mit dem Licht und dem Schatten dient der stärkeren Plastizität der Darstellung. So wie das Licht nicht nur einfarbig erscheint und durch das Prisma der Verse dispersiert wird, so wird auch der Gegensatz des Lichts, nämlich der allgegenwärtige Schatten differenziert. Die Farbe des Schattens ist Violett oder Kornblumenblau. Die weiße Farbe scheint in sich das ganze Geheimnis der Farbenwelt zu vereinigen, das im Phänomen des Regenbogens seine Verkörperung findet.

Die eingeatmete Atmosphäre des Hauses der Familie Kossak haucht die Dichterin in ihre Verse hinein. Die Faszination der bildenden Kunst vereinigt sich mit der Tendenz, „das Unsagbare in Worte zu fassen" im Drang, den Klang zwischen die Strophen einzuflechten. Der Zauber der Farben und Klänge hält die Dichterin nicht nur zum Anfang ihres schöpferischen Weges in seinem Banne und kommt in weiteren Gedichtbänden, die allerdings der nächsten Schaffensperiode angerechnet werden, zum Vorschein.

Um die Palette der angewandten Farben zu vervollständigen, führe ich an dieser Stelle weitere Beispiele für deren Präsenz in den Versen Pawlikowskas.

Neben dem Kornblumenblau, das in den vorhergehenden Beispielen stark präsent ist, tritt auch die violette Farbe in den Gedichten sehr häufig auf. Der Gebrauch jener Farbe ist im Gedicht „O biskupie fiołkowym" (Über den veilchenvioletten

---

aus warmem Stein. / auf die Tischdecke hingegen, wo stille Zinkweiße träumen, / rollt – noch ein Apfel – mit der kornblumenblauen Schattenscheibe. – Übers./

Bischof) aus dem Band „Niebieskie migdały" (Die blauen Mandeln) auf die Spitze getrieben. In diesem Werk zeichnet sich das Epitheton „fiołkowy", das so viel wie veilchenviolett heißt, neun Mal auf zehn Tetrastichonen ab.

Im Gedicht „Pyszne lato" (Der hochmütige Sommer) breitet die Dichterin ein Bild des Sommers aus, das einem Pfau gleicht. Er schlägt ein Rad, dem stolzen Vogel gleich. Die Beschreibung der Schwanzfedern schimmert von Farben, unter denen das Violett nicht fehlen darf. Die Flüchtigkeit der beobachteten Farberscheinung wird durch das Rauchen oder gar Dampfen der Farbe betont:

> roztoczywszy wachlarz ogona,
> który się czernią i fioletem dymi,[69]

Die Beispiele für die unverwechselbare eigenartige Einsetzung der farblichen Epitheta können an dieser Stelle beinahe unendlich vermehrt werden. Diese Untersuchung abschließend möchte ich jedoch noch ein Beispiel heranführen, das ersichtlich macht, dass sich Pawlikowska auch vor einer banalen gegenwärtigen Verwendung der Farbbezeichnungen nicht scheute.

In dem Gedicht „Sen opaczny" (Der verkehrte Traum) schreibt sie eine Aufzählung der bunten Blumen hinein, unter denen man auf einen violetten Flieder stößt:

> rude, złote, czerwone werweny, gwoździki
> i fioletowe bzy. [70]

---

[69] /den Fächer des Schweifes ausgebreitet, / der rot und violett raucht, - Übers./
[70] /rötliche, goldene, rote Vervenen, Nelken / und violetter Flieder. – Übers./

IV.2.   Die Naturmotive

> Naturo, o wszechwładna, bądź mi dziś ojczyzną![71]
> „Róża i lasy płonące"
> (Die Rose und die brennenden Wälder)

Im folgenden Kapitel verlagert sich das Augenmerk auf die immer wiederkehrenden Bilder der Natur, die unter dem Begriff der Naturmotive erfasst werden.

In der ganzen Breite ihres Schaffens führt Maria Pawlikowska-Jasnorzewska einen Dialog mit der Natur[72].

Die Untersuchung beginnt mit den Naturelementen Wasser und Himmel. Anschließend wird die Mikrowelt in der Natur unter die Lupe genommen, um über die Blumenmotive zur personifizierten Naturgestaltung zu gelangen. Die formale Personifizierung der Natur als Frau zieht noch zwei Motive nach sich: Die Natur als eine junge Dame, die auf dem Hintergrund eines eigenartigen Modesalons erscheint und zuletzt die Widerspiegelung der Angst vor dem Altwerden in den Versen der Sängerin der Natur.

IV.2.1.   Die Naturelemente: Das Wasser und der Himmel

> Usta twoje: ocean różowy.
> Spojrzenie: fala wzburzona.[73]
> „Portret"(Das Porträt)

Die Motive, die in den zwei sogenannten blauen Naturelementen ihre Spiegelung finden, sind in mehreren Gedichtbänden vertreten und begleiten das Schaffen Maria Pawlikowska-Jasnorzewskas über mehrere Jahre hindurch. Die schönsten Beschreibungen der Wassermassen sind die Darstellungen exotischer Aquarien, die die Dichterin im Ausland besichtigt hatte. Das Meer selbst ist überwiegend

---

[71] /Du Natur, allmächtige, werde mir heute zur Heimat! – Übers./
[72] Kwiatkowski, J.: Literatura Dwudziestolecia. Warszawa 1990. S 119.
[73] /Deine Lippen: Der rosa Ozean. / Der Blick: Aufgepeitschte Woge. – Übers./

das warme Meer des Südens und selten die Ostsee, an der sie die Sommerzeit in ihrer Jugend verbrachte[74].

Nur das Meer des Südens kann die Quelle der Freude und Gegenstand der angenehmen Erfahrungen sein. Alle anderen Meere sind pejorativ besetzt, wie im Gedicht „Przeszłość" (Die Vergangenheit), das im weiteren Verlauf präsentiert wird.

Unter den Gedichten aus dem Band „Pocałunki" (Die Küsse) findet man zahlreiche Vierzeiler, die Beispiele für die Faszination der blauen Naturgewalten liefern.Beide Naturelemente, sowohl das Wasser als auch der Himmel, eignen sich in gleichem Maße, um die Stimmung des lyrischen Ich zu verbildlichen.

Im Gedicht „Wybrzeże" (Die Küste) schildert das lyrische Ich in den ersten drei Zeilen ein nostalgisches Bild am Strand, voller Trauer und Einsamkeit:

> Meduzy rozrzucone niedbale,
> muszle, które piasek grzebie,
> i ryba opuszczona przez fale,
> jak serce moje przez ciebie.[75]

Das Bild umfasst nicht nur das schwere Schicksal der achtlos durcheinander geworfenen Wasserwesen, die ohne ihr Element nicht überleben können, sondern auch das der Muscheln, die das gleiche Los trifft. Der im dritten Vers erwähnte Fisch, der im Polnischen weiblichen Geschlechts wie auch die anderen aufgeführten Wesen ist, dient dem Vergleich mit der seelischen Verfassung des lyrischen Ich, der im letzten Vers mit den Worten: „jak serce moje przez ciebie" (wie mein Herz von dir) an Ausdruck gewinnt. Das lyrische Ich fühlt sich von dem Geliebten verstoßen und verlassen ähnlich wie die Wasserwesen vom Meer zum Strand getrieben und alleine gelassen wurden.

Im Gedicht „Zmierzch na morzu" (Die Abenddämmerung auf dem Meer) herrscht eine ruhige, ausgeglichene Stimmung, die durch eine Zeichnung mit den immer mehr verblassten Farben betont wird und aufs Neue den kunstvollen Umgang Pawlikowskas mit der Farbpalette und den sprachlichen Möglichkeiten der Tondifferenzierung bezeugt. Der angesprochene Vierzeiler endet ebenfalls mit einem überraschenden Vergleich:

---

[74] Samozwaniec, M.: Maria i Magdalena. Kapitel: 'Swinoujście (Swinemünde). S. 79-86.
[75] /Die Quallen nachlässig umhergeworfen, / die Muscheln, die der Sand zu Grabe trägt, / und der Fisch von den Wellen verlassen, / wie mein Herz von dir. – Übers./

Wybrzeże coraz bledsze
w liliowej półżałobie
i żaglowiec oparty na wietrze,
jak ja na myśli o tobie.[76]

Auch in diesem Gedicht schafft Pawlikowska innerhalb der ersten drei Zeilen eine besondere Atmosphäre, um dann im letzten Vers ein unerwartetes Bild einer Geliebten zu zeigen. Der Schilderung der vom Wind aufgeblasenen Segel, die der einzige Antrieb für das Schiff sind, stellt Pawlikowska das Bild einer Geliebten gegenüber, die sich am Gedanken an ihren Geliebten stützt und von der Liebe angetrieben durch das Leben geführt wird, wie das Segelschiff vom Wind.

Die Vergleiche der Wasserelemente mit den Liebenden werden im folgenden Gedicht fortgesetzt. Das Porträt, das das lyrische Ich von seinem Geliebten im gleichnamigen Werk („Portret") zeichnet, basiert unmittelbar auf diesen Elementen:

Usta twoje: ocean różowy.
Spojrzenie: fala wzburzona.
A twoje szerokie ramiona:
Pas ratunkowy...[77]

In einem weiteren Gedicht aus demselben Band nimmt die Lyrikerin das Motiv des Rettungsrings wieder auf. Es handelt sich um das Gedicht „Bezpieczeństwo" (Die Sicherheit), in dem das lyrische Ich eine rhetorische Frage in den beiden letzten kurzen Zeilen stellt:

lecz czy trzeba syrenie
pasa ratunkowego?[78]

Die in den beiden Gedichten enthaltene Symbolik der Sirene und des Rettungsrings wird eindeutig auf das Bild der Liebenden übertragen. Der Geliebte breitet seine starken Arme wie einen Rettungsring aus. Im Gedicht „Bezpieczeństwo" (Die Sicherheit) stellt das lyrische Ich die Frage, ob diese Hilfe für sie unentbehrlich ist und ob diese Hilfe die wirkliche Rettung spenden kann?

---

[76] /Die Küste immer blasser / in der lilafarbigen Halb-Trauer / und ein Segelschiff auf den Wind gestützt / wie ich am Gedanken an dich. – Übers./
[77] /Deine Lippen: ein rosiger Ozean. / Der Blick: aufgepeitschte Wogen. / Und deine breite Schulter: / Ein Rettungsring... – Übers./
[78] /nur ob einer Sirene / ein Rettungsring notwendig ist? – Übers./

In diese Zweifel lässt sich die Angst vom Verlassensein hineinschreiben. Wenn der Geliebte doch geht, muss die Verlassene auf ihre eigenen Kräfte vertrauen, denn auf den „Rettungsring" kann sie sich nicht mehr verlassen.

Das Gedicht „Najpiękniejszy sen" (Der allerschönste Traum) stellt eine Besonderheit dar. Es ist eines der längsten Gedichte der Meisterin der Miniatur und umfasst sechzehn Terzinen. Die Besonderheit allerdings liegt in erster Linie in der Thematik, denn der thematisierte schönste Traum ist ein Traum vom Fliegen. In den Strophen erfolgt eine detaillierte Beschreibung der merkwürdigen Fortbewegungsmethode, die dem Schwimmen im Wasser gleicht. Das lyrische Ich schwimmt in der Luft wie im Wasser. Es sitzt in einem Café und plötzlich bemerkt es: „(...) ich schwimme zum Fenster hinaus". Die Menschenmasse, die auf der Erde von der Gravitation gefesselt bleibt, ist empört. Der Traum vom Fliegen trägt aber unübersehbare Merkmale des Schwimmens. Die Dichterin vereinigt beide blauen Naturelemente in mehreren Versen dieses Gedichts:

(...)bryły wiatru roztrącam jak fale, [79]

Die zehnte und zwölfte Strophe bringen die Vereinigung von Himmel und Wasser am deutlichsten zum Ausdruck:

I znów pływam najnowszą metodą,
wzdycham piersią niestrudzoną, młodą
i jaskółki odgarniam znad czoła.[80]

und weiterhin:

Ścigam jego samolot po niebie –
aż mnie wciąga silną ręką do siebie,
jak syrenę, co się czepia okrętu.[81]

Die Aussage des Traumes ist mit Hilfe der Freud'schen Theorie leicht zu entschlüsseln. Der Psychoanalytiker sieht im Traum vom Fliegen eine sexuelle Phantasie. Diese Interpretation des „schönsten Traumes" stimmt harmonisch mit dem übrigen Schaffen Pawlikowskas überein. Für die Abhandlung ist jedoch die

---

[79] /(...) die Klumpen des Windes stieß ich auseinander wie Wogen, - Übers./
[80] /Und wieder schwimme ich nach der neuesten Methode, / seufze ich mit der unermüdlichen, jungen Brust / und die Schwalben treibe ich von der Stirn weg. – Übers./

Verwendung der mit Schwimmen und Fliegen verbundenen Terminologie wichtiger als die psychoanalytischen Aussagen der Verse.

Die Freud´sche Interpretation der Werke Pawlikowskas erklingt mit einem lauten Widerhall in der Sekundärliteratur. Über die kritischen Äußerungen war bereits im Kapitel II. und III. die Rede. Es sei jedoch an dieser Stelle noch einmal betont, dass zahlreiche Literaturkritiker gerne in ihr eine verwöhnte junge Dame aus besseren Kreisen sehen und ihre Lyrik durch dieses Prisma betrachteten. Mein Ziel ist es jedoch nicht vom Gegenteil zu überzeugen und somit widme ich mich wieder dem Motiv des Wassers und des Himmels zu.

Im Band „Wachlarz" (Der Fächer) finden sich drei Gedichte, die unter einem Titel vereinigt wurden: Das Aquarium I, II und III. Aus den Kommentaren von J. Kwiatkowski zu der Gesamtausgabe der Nationalbibliothek[82] ist zu entnehmen, dass dieses Gedicht in der Ersterscheinung von 1925 den Titel „Akwarium w Monaco" (Das Aquarium in Monaco) trägt, das selbstverständlich auf den Lebenslauf der Dichterin verweist, die zahlreiche Reisen durch Europa unternommen und auch Monaco besichtigt hatte, wo das exotische Aquarium sie sehr beeindruckt haben musste.

Die Wasserwelt, die sich vor den Augen der Dichterin ausgebreitet hatte, voller exotischer Wesen und voller Farben, hält sie in der dreiteiligen Ganzheit fest. Die Beschreibung der Organismen ist geradezu verblüffend, voller Ausschmückung in jedem Detail. Sie entführt den Rezipienten in eine märchenhafte Welt der Wasserwesen und veranschaulicht ihre persönliche Kollision mit dieser Welt.

Im Aquarium I. schildert sie die unausschöpfliche Vielfalt der Fische, Schnecken, Quallen... Um die Darstellung mit der Frage abzuschließen:

może to wszystko jest niebo lub piekło, tamten świat?[83]

Den Details der Mikrowelt schreibt Pawlikowska eine große Bedeutung zu. Sie blickt in die Mikrowelt hinein und beobachtet sehr aufmerksam die Pracht der Farben und der Formen, mit denen die Natur ihre kleinsten und gar unscheinbarsten Wesen kennzeichnet.

---

[81] /Ich verfolge sein Flugzeug am Himmel - / bis er mich mit der starken Hand zu sich hineinzieht, / wie eine Sirene, die sich am Schiff festklammert. – Übers./
[82] Pawlikowska-Jasnorzewska, M.: Wybór poezji. Wrocław-Warszawa-Kraków 1998 (5). S.87.
[83] /vielleicht ist das alles der Himmel oder die Hölle, jene Welt? - Übers./

Die Kunst dieser Darstellung soll auch hier nicht zu kurz kommen. Im Banne der Wasserwelt des exotischen Aquariums gefesselt, erblicken wir folgende Beschreibung:

Ścierpnięty ze złości głowonóg o smutnych oczach starca,
rybki jak serca bijące skrzelami, węgorze jak lite pasy,
żyjący młotek i nóż srebrzysty, i zardzewiała tarcza,
i kraby rozparte, strojące straszliwe japońskie grymasy;
łakome kwiatki, przebiegłe listki, anemon chodzący w kółki i
                                                        szukający mięsa,
ślimak z ukwiałem różowym żyjący z pan brat
i fioletowy krzyżyk meduzy, który się w górze leniwie wałęsa –[84]

Die Vielfalt der Wasserwesen steht in diesem Werk im Vordergrund. Jedes dieser Wesen wird mit zutreffenden Details charakterisiert und individualisiert. Diesem bunten Bild des Aquariums, voller Exotik, in Farben und Formen, möchte ich ein einheimisches Bild der polnischen Ostseeküste gegenüberstellen.

Im Gedicht „Morze polskie" (Das polnische Meer) aus dem Band „Śpiąca załoga" (Die schlafende Belegschaft) schildert Pawlikowska klischeeartig das Bild von der Ostseeküste. Dort findet man das vertraute Rauschen von gereiften Ähren und die für die polnische Landschaft unentbehrlichen Mohnblumen.

Nad polskim morzem wiatr w kłosach zgrzyta,
Fale przechodzą w faliste żyta,
Rześka syrena w kłosy zniesiona
Płynie – dźwigając maki w ramionach.[85]

In dieser Darstellung erscheint die Landschaft sehr vertraut und einfach konzipiert, ohne viele Details.

Die Vergangenheit wird in einem bereits angesprochenen Gedicht unter dem geichnamigen Titel „Przeszłość" (Die Vergangenheit) aus dem Band „Wachlarz" (Der Fächer) mit dem Wasser verglichen. Es ist aber nicht mehr das klare Wasser des Meeres, das von der Farbenpracht der Wasserwesen in den

---

[84] /Vom Zorn erstarrter Kopffüßler mit traurigen Augen eines Greises, / die Fischlein wie mit Kiemen schlagende Herzen, die Aale wie Gußriemen, / ein lebendiges Hämmerchen und ein silbriges Messer, und ein verrostetes Schild, / und aufgeblähte Krabben, die schreckliche japanische Grimassen schneiden; // unersättliche Blümchen, listige Blättchen, die im Kreis laufende Anemone, die nach Fleisch sucht, / die Schnecke, die mit der rosigen Seerose auf vertrautem Fuße lebt / und das violette Kreuz der Qualle, die sich in der Höhe faul umhertreibt – Übers./

[85] /Über das polnische Meer knirscht der Wind in den Ähren, / Die Wogen gehen in gewellte Kornfelder über, / Eine muntere Seejungfer in die Ähren getrieben / Schwimmt – und hält Mohnblumen in den Armen. - Übers./

Regenbogenfarben schimmert. Es ist ein „dunkles, dickes und bevölkertes" Wasser, in dessen Tiefe „jemandes schon längst versunkene Arme" wallen.

Im Gedicht „Paryż" (Paris) schildert die Dichterin ein breites Spektrum an Stadtbewohnern. Das lyrische Ich trifft auf einem nächtlichen Spaziergang durch die Straßen auf die Bewohner der dunkelsten Ecken. Einige von den dunklen und außergewöhnlichen Gestalten ordnet Pawlikowska der Wasserwelt zu. In diesem Sinne spricht sie von „einem gewissen verbleichten Wassergeist der Pariser Trottoire", der auf sie „ein Fischauge voller Süße" wirft. Es ist eine mystische Figur, die nach dem Volksglauben aus Rache unschuldige Menschen ins Wasser lockt, damit auch sie dort den Tod finden. Wenn man also den gierigen, scheußlichen Wasserungeheuern nicht zum Opfer fallen will, sollte man weglaufen und zwar dahin, „wo das Leben hell ist und ruhig". Deswegen feuert das lyrische Ich an: „Schwimme weit, (...) / kleines Fischlein, verloren in der Menge der Haie:"

Das Motiv des Todes im Wasser verfolgt die Gedichte aus dem Band „Paryż" (Paris) weiterhin. Diesmal trifft es eine Katze, die von Kindern ins Wasser geworfen wurde und eine junge Frau, die ebenfalls wegen eines Kindes den Tod findet. Aus dem imaginären Dialog der beiden Ertrunkenen geht hervor, dass das Mädchen aufgrund ihrer Schwangerschaft den Tod sucht. Das Wasser der Seine zeigt in den Versen ihr Tod bringendes Gesicht. Auf die obsessive Darstellung des Todes, die zwischen den Jahren 1928-1930 laut erklingt, weist Jerzy Kwiatkowski[86] als auf einen der Beweise für einen enormen Einfluss der Schriften M. Maeterlincks auf Pawlikowska hin. Die Verbindung zu Maeterlinck zeichnet sich am deutlichsten durch das Hervorheben des Todes eines Einzelnen ab, worauf ebenfalls die hier angeführten Gedichte hinweisen wie der Tod des schwangeren Mädchens. Andere Beispiele könnten hier vermehrt aufgeführt werden, jedoch steht das Motiv des Todes am Rande der gewählten Leitmotive und wurde hiermit nur zur Hervorhebung der mehrschichtigen Widerspiegelung der Maeterlincklektüre angebracht, die noch deutlicher in den Motiven sichtbar ist, die den Kern des nächsten Kapitels bilden.

IV.2.2.   Die Mikrowelt

Die Beobachtungen der Natur von weitem, mit dem Beibehalten der entsprechenden Distanz und Reserve, aber auch die Beobachtungen von nahem, voller Vertraulichkeit, beinahe mit rührender Zärtlichkeit und einem Feingefühl bestimmen die Darstellung der Natur in den Gedichten Maria Pawlikowska-Jasnorzewskas. Die Naturdarstellung ist voller lieblicher, anmutiger Ausdrücke wie „wdzięk" (Liebreiz), „urok" (Anmut, Zauber) oder „słodycz" (Süße).

Mit dem Gedicht „Ropucha" (Die Kröte) möchte ich die Kunst der eingehenden Beobachtung und der detaillierten Darstellung vor Augen führen.

Die Zeichnung des Objektes beginnt Pawlikowska mit der Beschreibung der langsamen, gar verschlafenen Bewegung einer Kröte. Die Kröte setzt sich nieder und schaut mit „den goldenen Tieraugen" vor sich hin. Zuerst stellt die Dichterin das Tier als eine verschlafene „Körpermasse mit dem giftigen Batikmuster" dar. Das Bild vervollständigt sie um weitere Beschreibungen wie folgt:

> Musztardowa w kwadraty ciemniejsze i bledsze,
> z bryzgiem martwego złota na każdym kwadracie,[87]

Und plötzlich bewegt sich das schwere Wesen. Pawlikowska hält die Bewegung folgendermaßen fest:

> (...) skacze wysoko w powietrze
> jak wiedźma rozpłaszczona na swojej łopacie.[88]

Pawlikowska ahmt in ihrer bildhaften Darstellung die Natur nach. Die Kröte springt plötzlich so wie sie sich in ihrem natürlichen Lebensraum zu bewegen pflegt. Die Dichterin ist gleichzeitig eine gute Beobachterin der sie umgebenden Welt. Selbst das kleinste Detail der Körperfärbung entgeht ihrem aufmerksamen Auge nicht. Mit dem Vergleich der sich auf eine phantasievolle Art und Weise fortbewegenden Gestalt einer Hexe behält die Natur ihre verblüffende Dimension.

---

[86] Kwiatkowski, J.: Maria Pawlikowska-Jasnorzewska. S. LXIIIf.

[87] /Senffarbig in dunklere und blassere Quadrate gemustert, // mit einem Spritzer toten Goldes auf jedem Quadrat, - Übers./

[88] /(...) sie springt hoch in die Luft // wie eine auf ihrer Schaufel gestreckte Hexe. – Übers./

Die Kunst der Nachahmung der Natur stellt die polnische Dichterin ebenso im Gedicht „Akrobacje gąsienicy" (Die Akrobatik der Raupe) aus dem Band „Surowy jedwab" (Die rohe Seide) erneut unter Beweis. Zu Anfang imitiert Pawlikowska die langsamen Bewegungen einer Raupe, die sich biegt und bemüht ist, ihren akrobatisch geschickten Körper in ausgefallenen Bewegungsabläufen voranzutreiben. Das Bild schließt die Dichterin mit einer lakonischen Feststellung ab:

> przepycha się, przemyca
> z trudu zzieleniała.[89]

Die kleinsten Wesen sind es wert, beobachtet und mit Liebe beschrieben zu werden. Die Raupe ist die Meisterin der graziösen Bewegung, voller Kunstfertigkeit. Ein anderer Bewohner der Erde, die Spinne, zieht die Aufmerksamkeit der Dichterin durch ihren ekelerregenden Anblick auf sich.

Im nächsten Beispiel beschreibt Pawlikowska voller Abscheu, aber doch mit Bewunderung eine Spinne im gleichnamigen Gedicht „Pająk" (Die Spinne) aus dem Band „Wachlarz" (Der Fächer).
Obgleich die Meisterin der Beobachtung mit einer rhetorischen Frage beginnt:

> I jakże tu kochać ziemię, na której są pająki (...)?[90]

beobachtet sie voller Aufmerksamkeit die Physiognomie der riesigen Spinne und berichtet ausführlich darüber:

> (...) z kłakami na brzuchu, (...)
>
> Przypomni, że (...) ma szczecinę na nodze
> i odwłok jak tłuste serce i gniazdo oczu mnogich –[91]

An diesem Bild kann sich das lyrische Ich nicht ergötzen. Trotzdem kann es nicht die Augen von dem Wunderwerk der Natur abwenden.

---

[89] /sie zwängt sich durch, schleicht sich durch // ist grün geworden vor Mühe. – Übers./
[90] /Und wie soll man die Erde lieben, auf der es Spinnen gibt? – Übers./
[91] /(...) mit den Haaren auf dem Bauch, (...) // Sie erinnert, dass (...) sie Stoppeln auf dem Bein hat / und das Abdomen wie ein fettes Herz und ein Nest unzähliger Augen – Übers./

Die liebevollste Beobachtung erfährt das Eichhörnchen, das Lieblingstier der Dichterin. Daher darf das Gedicht „Wiewiórka" (Das Eichhörnchen) aus dem Band „Śpiąca załoga" (Die schlafende Belegschaft) in dieser Übersicht der Tierwelt im Schaffen Pawlikowskas nicht fehlen. Die besondere Stellung des Eichhörnchens in der Faunahierarchie Pawlikowskas beweist Samozwaniec in der Biographie über ihre Schwester. Dem Eichhörnchen wird ein ganzes Kapitel gewidmet.[92] Das gezähmte Tier, das Pawlikowska zu Hause hatte, diente als Vorbild für das niedliche Tier aus dem Gedicht. Als Anlass zu diesem Werk konnte der grausame Tod des Wesens dienen, das ihre Schwester Magdalena unabsichtlich mit der Tür erschlagen hatte.[93]

Mit unausgesprochen großer Liebe und Rühseeligkeit schildert die Dichterin die Angewohnheiten des Wesens, das sogar denselben Namen trägt wie ihr Eichhörnchen namens Florek. Verblüffend ist der Anfang des Gedichtes, das Pawlikowska mit folgender Charakteristik des „tierischen Freundes" beginnt:

> Drzewny pajacyk. Florek, wiewiórka,
> O oczach Włocha, o brzuchu Turka,
> o uszach diabła, ruchach wariata,
> Komik, filozof i akrobata,[94]

Aus dem eingehend geschilderten Verhalten kann das lyrische Ich eine Lehre fürs Leben ziehen. Das kleine Tier lehrt, wie man die Fröhlichkeit im Leben bewahrt, dass man das Leben genießen soll, ohne sich über die Zukunft Sorgen zu machen. Selbst in der Stunde des Todes gibt das Eichhörnchen dem lyrischen Ich einen letzten Wegweiser, wie man den Tod annehmen soll. Die Dichterin drückt diese letzte Lehre in folgenden Versen aus:

> Z oczami w moich – drżąca ze zgrozy,
> Bez księdza, modlitw i bez narkozy
> Daje mi lekcję dumy milczenia,
> Gdy przyjdzie płacić długi istnienia.
> I bierze – obca wszelkiej pociesze –
> Z zimnych rąk śmierci – twardy orzeszek...[95]

---

[92] Samozwaniec, M.: Maria i Magdalena. Kapitel: Wiewiórka (Das Eichhörnchen). S. 185-198.
[93] a.a.O. S. 196.
[94] /Ein Narr auf dem Baum. Florek, das Eichhörnchen, / Mit den Augen eines Italieners, mit dem Bauch eines Türken, / Mit den Ohren des Teufels, mit Bewegungen eines Irren, / Ein Komiker, ein Philosoph und Akrobat. – Übers./

Das Leben, das von der Bewegung und Freude überströmt war, erlischt leise. Das kleine Wesen, das das lyrische Ich erfreute, „nimmt aus den kalten Händen des Todes" sein Schicksal entgegen.

Dem Leben als auch dem unabwendbaren Ende der irdischen Existenz gewährt Pawlikowska viel Platz in ihrem Nachlass. Das Beispiel des Eichhörnchens als einen Freund, der plötzlich fortgeht, ist nur eines von denen. Das Motiv des Verlassenseins infolge des Todes oder der vergangenen Liebe begleitet die Dichterin das ganze Leben lang und nimmt Ausmaße in einer obsessiven Angst vor dem Alt- und Verlassensein an. Dieser Aspekt wird noch im weiteren Verlauf dieser Abhandlung starken Ausdruck finden.

IV.2.3. Die Blumenmotive

Bereits beim bloßen durchsehen der Titel von Pawlikowskas Gedichten wird der auf der Natur liegende Schwerpunkt des Schaffens sichtbar. Die Liebe zur Natur offenbart sich bereits in der Titelgebung. Es werden zahllose Tiernamen, Blumenbezeichnungen und sogar Fachtermini aus den Naturwissenschaften wie Ornithologie, Entomologie, Botanik u.a. hervorgebracht. Dementsprechend findet man Beispiele wie: „Bratki" (Die Stiefmütterchen), „Cud nietoperza" (Das Wunder der Fledermaus), „Cykorie" (Die Zichorien), „Ćma" (Der Nachtfalter), „Dusze różane" (Die Rosenseele), „Fiołek to słowik" (Das Veilchen ist eine Nachtigall), „Heliotrop" (Das Heliotrop), „Jabłko" (Der Apfel), „Krokusy" (Die Krokusse), „Krowy" (Die Kühe), „Łabędź" (Der Schwan), „Mewa" (Die Möwe), „Mucha" (Die Fliege), „Pająk" (Die Spinne), „Pokrzywa widziana z bliska" (Die Brennessel von nahem betrachtet), „Ptaszek" (Das Vöglein), „Róża, lasy i świat" (Die Rose, die Wälder und die Welt), „Słowik" (Die Nachtigall), „Szelest makówki" (Das Rascheln des Mohnblumenkopfes), „Tańczący koliber" (Der

---

[95] /Mir in die Augen blickend – vor Grauen zitternd, / ohne Priester, ohne Gebete und ohne Narkose / Gibt mir die Lektion des stolzen Schweigens, / Wenn es kommt, die Schulden der Existenz zu zahlen, / Und nimmt – fremd jeglichem Trost - / Aus den kalten Händen des Todes – die harte Nuss... – Übers./

tanzende Kolibri), „Tytoń" (Die Tabakpflanze), „Żurawie" (Die Kraniche) und viele andere.[96]

In den Gedichten gibt Pawlikowska ihre Gelehrtheit in der Botanik kund. Und diese Tatsache wurde von den Forschern ihrer Dichtung stets bestätigt und stark betont.[97]

In zahlreichen literaturwissenschaftlichen Abhandlungen über das Schaffen Pawlikowskas erklingen konstant die Aspekte der Naturthematisierung, die Eigenart der Darstellung und ebenfalls die Frage nach dem Ursprung des sehr ausgeprägten Interesses an der Naturthematik.

Bei der Klärung einiger Fragen, die das private Leben der Dichterin betreffen, können sich die Forscher auf die Werke Magdalena Samozwaniec stützen. Wenn auch ihre beiden Werke vom literaturwissenschaftlichen Standpunkt nicht allzu ernst zu nehmen sind, leisten sie Hilfe bei der Analyse einiger Aspekte des Schaffens Pawlikowskas.[98]

Es steht fest, dass Pawlikowska sehr auf die Blumenwelt fixiert war. Ihre Gedichte geben ein breites Spektrum der Pflanzenwelt ab. Die unzähligen Beispiele verleiteten A. Dzieniszewska, die Blumenmotive in einer Abhandlung unter dem bezeichnenden Titel „Das poetische Herbarium Maria Pawlikowska-Jasnorzewskas" zusammenzutragen.[99]

Das poetische Pflanzenbuch der polnischen Dichterin ist bemerkenswert reichhaltig und wechselhaft. Es besitzt einen eigenen Rhythmus, Kontinuität, Entwicklungsregeln usw. A. Dzieniszewska teilt das Herbarium in vier Phasen ein: 1904-22, 1922-27, 1928-39, 1939-45. Diese Einteilung ist mit der gängigen Teilung des Schaffens der polnischen Dichterin konform.[100] Damit sagt die Forscherin Dzieniszewska, dass die Blumenmotive das vollständige Schaffen Pawlikowskas „durchdringen und bestimmen". Die ersten Gedichte enthalten botanische Begriffe, Namen von Pflanzen, Blumen und Bäumen, die für die Zeit des Jungen Polens typisch sind.[101] Es sind Gewächse der Wiesen, der Wälder und Gärten. Die Aufmerksamkeit gewinnen gewöhnliche Gewächse wie „mlecz"

---

[96] vgl. Dzieniszewska, A.: Zielnik poetycki...
[97] Kwiatkowski, J.: Maria Pawlikowska-Jasnorzewska. S. LXVI. Hurnikowa, E.: Maria Pawlikowska-Jasnorzewska. S. 24.
[98] Samozwaniec, M.: Maria i Magdalena. Kraków 1970. Dies.: Zalotnica niebieska. Szczecin 1988. Dies.: Angielska choroba. Warszawa 1983.
[99] Dzieniszewska, A.: Zielnik poetycki...
[100] vgl. Kwiatkowski, J.: Maria Pawlikowska-Jasnorzewska. S. XXVI-CIII.
[101] Hurnikowa, E.: Natura w salonie mody. Warszawa 1995. 63ff.

(Gänsedistel), „kaczeniec" (Butterblume), „pierwiosnek" (Primel), „powój" (Winde), „paproć" (Farnkraut), „konwalia" (Maiglöckchen), „skrzyp" (Schachtelhalm), „berberys" (Berberitze) und „stokrotka" (Gänseblümchen). Die Beispiele der botanischen Vielfalt ließen sich noch unendlich vermehren, aber für einen ersten Eindruck reichen sie vollkommen aus.

Die pflanzliche Thematik zieht sich wie ein Leitfaden durch die Gesamtheit der Werke Pawlikowskas hindurch. Eine besondere Stellung nehmen unter den Gedichten jene ein, in denen die Blumen in den Vordergrund rücken. Sie treten in einer erdrückenden Anzahl auf. Daher wird die Lyrik Pawlikowskas gerne als Pflanzenbuch bezeichnet. Über den Ursprung der „blumigen" Thematik schrieb Kazimierz Wyka:

> Jest to bowiem poezja nieledwie botaniczna, takie gąszcza kwiatów i tak precyzyjnie widzanych rosną w jej liryce (...), kwiaty poetki pochodzą z dwu miejsc. Jeżeli są egzotyczne, całkiem po prostu z krakowskiego Ogrodu Botanicznego. Jeżeli są zwyczajne (...) rosną w podkrakowskich okolicach, przy płotach i dróżkach, na miedzach i w zbożu.[102]

Die Vielfalt der Blumenmotive verleitet dazu, die Gedichtbände als „poetisches Pflanzenbuch" wie eine Eigenart von Herbarium zu sehen. Selbstverständlich ist die Intensität der Darbietung unterschiedlich, und die Kulmination fällt direkt in den Anfang des schöpferischen Weges, motiviert von den vergangenen Epochen. Die zweite Rückkehr zur pflanzlichen Thematik wurde durch die Sehnsucht nach der Heimat in der Zeit des Zweiten Weltkriegs hervorgerufen. Da die Betrachtung des Schaffens in der Kriegszeit den Rahmen der vorliegenden Abhandlung sprengen würde, richte ich die Aufmerksamkeit auf die erste Phase des Schaffens Pawlikowskas.

Die Dichterin malt, dem Geiste der früheren Epochen verpflichtet, vor allem Pflanzen und Blumen wie Winde, Primel, Gänsedistel, Schachtelhalm, Berberitze, Butterblume und Gänseblümchen. Es sind also alles einheimische Blumen, die in der vergangenen Epoche beliebt waren.

---

[102] /Es ist nämlich eine fast pflanzenkundliche Dichtung, ein solches Dickicht an Blumen und so präzise betrachtet wachsen in ihrer Lyrik (...), die Blumen der Dichterin stammen von zwei Orten. Wenn sie exotisch sind, ganz einfach aus dem Botanischen Garten in Krakau. Wenn sie gewöhnlich sind (...) wachsen sie in der Krakauer Umgebung, an den Zäunen und Pfaden, auf den Feldrainen und Kornfeldern. – Übers./ Wyka, K.: Maria z Kossaków – 9 lipca 1945-1965, wędrując po tematach, Bd. 2. In: Ders. Spuścizna. Kraków 1971. S. 324f.

Jene Blumen kommen jedoch nicht nur in ihrer Malerei zur Geltung. Pawlikowskas Dichtung ist nur so „durchdrungen" von ihren Lieblingsblumen. Die Art der Betrachtung und Beschreibung jener Gewächse verrät gleicherweise hervorragende Kenntnisse der Botanik und der Lektüre Maurice Maeterlincks.

Das Werk des belgischen Denkers mit dem Titel „Die Intelligenz der Blumen" umfaßt zahlreiche, eingehende und sehr präzise Beobachtungen und Untersuchungen der Pflanzenwelt. Der Autor ist geradezu verblüfft über die Möglichkeiten und Fähigkeiten der Blumen, sich in der Welt zu Recht zu finden und sich ihren Bedingungen anzupassen. In seinen umfassenden Arbeiten zeigt er unzählige bis ins äußerste Detail beschriebene Beispiele, wie sich die Pflanzen auf dem Evolutionsweg dazu ausgerüstet haben, um sich in der Natur zu behaupten. Es sind für ihn eindeutige Beweise einer gewaltigen Intelligenz in der Pflanzenwelt.

Oftmals quittiert der scharfsinnige Beobachter das Gesehene mit einem Vergleich aus der Menschenwelt und muss feststellen, dass viele dieser Erfindungen, auf die die Menschheit so stolz sei, unter den Pflanzen seit langem zu finden waren und dort geradezu als selbstverständlich gesehen wurden.

Der Grund für ein solches „einfallsreiches Verhalten" der Pflanzen liegt darin, dass sich die Pflanzen in ihrer Welt unaufhörlich behaupten und stets für die Berechtigung ihrer Existenz kämpfen müssen. Auf den ersten Seiten seines Buches erklärt der Forscher diese Tatsache folgendermaßen:

> Die Pflanzenwelt, die uns so friedlich, so resigniert dünkt, in der alles Ergebung, Schweigen, Gehorsam, Sammlung scheint, ist im Gegenteil eine Welt, in der die Auflehnung gegen das Schicksal am heftigsten und hartnäckigsten ist.[103]

In der Beschreibung der Pflanzenwelt geht Maeterlinck wie bei einer Beschreibung von lebhaften Wesen vor. Er spricht von einer breiten Palette der Entwicklung, die die Pflanzen überstanden, um ein Instrumentarium an Waffen zu entwickeln, die sie in der grausamen Welt beschützen sollten. Die Vielfalt jener Schutzmittel versetzt den Autor ins Staunen, das auch die polnische Dichterin mit ihm teilt.

---

[103] Maeterlinck, M.: Die Intelligenz der Blumen. Jena 1907. S. 2.

Maeterlinck spricht von Pflanzen wie über intelligente Wesen. Sie hätten Gewohnheiten, entwickelten Verteidigungsmittel, sie kämpften ums Überleben, sie entwickelten eine regelrechte Strategie, um die schwächeren Pflanzen zu ihren Gunsten zu nutzen.

> Ich wollte nur anlässlich der Blumen bemerken, dass die Natur, wenn sie schön sein und gefallen will, wenn sie erfreuen und sich glücklich zeigen will, ungefähr das gleiche tut, was wir täten, wenn wir über ihre Schätze verfügten.[104]

Jerzy Kwiatkowski richtet seine Aufmerksamkeit auf die in der Zwischenkriegszeit in Mode gekommene Lektüre der Werke Maurice Maeterlincks. Der Forscher der Lyrik Pawlikowskas ist bemüht, die Spuren der Schriften Maeterlincks in ihren Gedichten aufzudecken[105]. Im Schaffen beider Autoren entdeckt er so deutliche Analogien, dass er Maurice Maeterlinck den Patron der Dichtung Maria Pawlikowskas nennt.[106] In seiner Untersuchung über das Schaffen Pawlikowskas erfolgt auf mehreren Seiten die Aufzählung der Werke, die vom großen und bedeutenden Einfluss des Denkens Maeterlincks zeugen, die Kwiatkowski unter der Suche nach dem gemeinsamen Nenner versteht, der die Welt der Pflanzen und der Menschen verbinden könnte. Der belgische Philosoph sucht nach der universellen Intelligenz, und die findet er unter den Pflanzen. Er sieht eine unaufhörliche Einheit der Menschheit mit der Welt der Pflanzen. Und genau diese Fußstapfen findet man in der Lyrik Pawlikowskas. Ihre Pflanzenthematik verbindet viele Motive miteinander. Jerzy Kwiatkowski spricht von einem sehr deutlichen Einfluss der Lektüre des Denkers bezüglich der Überlegungen über verschiedene Formen des Bewusstseins. Mir erscheint es hier jedoch für angebracht, für die Thematik der vorliegenden Abhandlung nur auf die Widerspiegelung der Philosophie Maeterlincks in der Vorliebe Pawlikowskas zu den Blumen hinzuweisen.

In dem Buch „Die Intelligenz der Blumen" von 1907 beschreibt der spätere Literaturnobelpreisträger mit rührender Vorliebe und Zuneigung die Pflanzenwelt, die Pawlikowska mit ihm übereinstimmend teilt. Der Autor beobachtet und beschreibt detailliert die kleinsten Bauelemente der Blumen, betrachtet das Instrumentarium, das der Fortpflanzung dient und ist nicht selten über die

---

[104] a.a.O. S. 60.
[105] Kwiatkowski, J.: Maria Pawlikowska-Jasnorzewska. S. LXV.
[106] a.a.O. S. LXV.

erfinderische Art der Natur verwundert. Die Blumen sind oft mit sehr komplizierten Bauelementen von der Natur ausgestattet, die ihnen ermöglichen, das Leben weiterzugeben. Die Erfindungsgabe sei in vielen Beispielen der menschlichen Findigkeit überlegen. Maeterlinck suggeriert, dass der Mensch sehr viele erfinderische Ideen von der Pflanzenwelt in seine eigene Weltdimension übertragen könnte. Der Autor weist darauf hin, dass einige der modernen Erfindungen gar nicht so neu seien wie sie auf den ersten Blick zu sein erscheinen. Viele von solchen Erfindungen, über die die Menschheit staunt, seien in der Pflanzenwelt verbreitet und seit jeher bekannt. [107]

Im Kreis der Lektüre Maeterlincks bleibend möchte ich auf den Aspekt der Bewegung in der Natur zu sprechen kommen. Genauer gesagt möchte ich mich dem einzigartigen Tanz der Blumen zuwenden, auf den sowohl Maeterlinck als auch Pawlikowska deutlich hinweisen.

Maeterlinck entdeckt und beschreibt in seinem Werk „das blühende Leben" und die Bewegung, die in der Blumenwelt herrschen. Es gibt Pflanzen, die auf der Suche nach Licht einen wahren „Sonnenlichttanz" darbieten. Die Pflanzen sind doch nicht „von ihrer Geburt bis zum Tode zur Unbeweglichkeit verdammt."[108] Bei der polnischen Dichterin findet man die der Sonne gewidmete Blume, nämlich die Sonnenblume. Die Spur der Sonnenblume lässt sich leicht im Gedicht „Słonecznik" (Die Sonnenblume) aus dem Band „Balet powojów" (Das Ballett der Winden) aufnehmen. Dieses Gedicht stellt, wie das Werk Maeterlincks, eine Apotheose der Natur dar. Pawlikowska erkennt die Weisheit und Überlegenheit der Natur sogar an einer einzigen Blume:

> Dorastamy do twojej wiedzy,
> Wysokiej wiedzy solarnej,[109]

Der Mensch will die „hohe Weisheit" der Sonnenblume erreichen, denn er erkennt, dass diese Blume sich ein Beispiel an der Natur, an der Sonne nimmt. Dem gibt die Dichterin in folgender Apostrophe Ausdruck: „Oh du Blume, die du dir an der Sonne ein Beispiel nimmst!"

---

[107] Maeterlinck, M.: Die Intelligenz der Blumen. Jena 1907. S. 10.
[108] a.a.O. S. 2.
[109] /Wir wachsen an deine Weisheit heran, / An die hohe solare Weisheit, - Übers./

In den folgenden Versen von vier bis acht konstatiert das lyrische Ich, dass die Blume schon seit langem die Klugheit der Sonne besitzt, sowohl von dem dunklen Kern der Sonne als auch von der Photosphäre. Gleichzeitig weist die Dichterin die Parallelen im Aufbau der Sonnenblume und der Sonne selbst auf. Der dargestellte „Kreis der Samen", also das dunkle Schild inmitten der Sonnenblume „flüsterte seit langem von dem dunklen Kern der Sonne" und weiterhin berichtete die goldgelbe Blütenblätterkrone von der leuchtenden Sonnenoberfläche. Pawlikowska verwendet Äquivalente aus der Solarwissenschaft (Kern der Sonne, Photosphäre) und aus der Botanik (Kerne und Samen, Blütenblätter) um die Sonnenblume als Abbild der Erde des am nächsten stehenden Sternes zu verdeutlichen. Die Sonnenblume, obwohl sie sich die Weisheit der Sonne zu Eigen gemacht hat, ist nur eines der zahlreichen Beispiele der Naturbeobachtung aus dem spezifischen Blickwinkel Pawlikowskas. Denn diese wohl sehr „kluge" Pflanze nimmt nicht einmal einen bevorzugten Platz ein. Dieser gehört einer völlig anderen Pflanze, von der die Welt der Gedichte Pawlikowskas nur so überströmt ist. Es handelt sich hier um die am stärksten vertretene Blume, die Rose. Diese Blume wird zum Bestandteil mehrerer Titel wie z.B.: „Róża" (Die Rose), „Róża, lasy i świat" (Die Rose, die Wälder und die Welt), „Róże dla Safony" (Die Rosen für Sappho) oder „Dusze różane" (Die Rosenseelen).

Anna Dzieniszewska spricht im Kontext des Gedichtbandes „Niebieskie migdały" (Die blauen Mandeln) von dem „Rosenklima, einem starken und intensiven"[110].

Zu der Identifizierung der Frau mit der Rose führt nach den Worten des Gedichts „Dusze różane" (Die Rosenseelen) die gemeinsame Herkunft der beiden Gestalten:

> Kwitnąć chciałyby wszystkie!
> Walczą zapamiętale
> O miejsce, (...)
>
> Lecz miejsca – zawsze mało!
> Wiec jedne – kobietami,
> A te, co nie zdołały,
> Zakwitają różami.[111]

---

[110] Dzieniszewska, A.: Zielnik poetycki....
[111] /Blühen möchten sie alle! / Kämpfen fanatisch / um den Platz (...) // Doch es ist immer wenig Platz! / Also die einen - als Frauen, / Und die, die es nicht vermögen, / Blühen als Rosen. – Übers./

51

In diesen Versen kommt die enge Verwandtschaft der Frau mit der Rose zum Ausdruck. Beide Wesen sind auf einer Ebene gleichwertig, auf der Ebene der Ästhetik und Schönheit. Die Schönheit der Frau entspricht der Schönheit der Natur, die von der Rose verkörpert wird. Das Zusammenleben der Frauen und der Rosen geht weit über den Aufbruch zum irdischen Leben hinaus. In der dritten und letzten Strophe kommt das Wechselspiel beider Subjekte zur Geltung. Damit signalisiert Pawlikowska eine in ihrem Schaffen stark vertretene Thematik der Palingenese:

> I raz ręce dziewczyny
> Różę z płatków odarły,
> A raz róża zakwitła
> Przy dziewczynie umarłej...[112]

Durch die Ebene der ewigen Schönheit, die sich zwischen der Frau und der Rose ausbreitet, bleiben sie bis in die Ewigkeit verbunden. Die Rose begleitet die verstorbene Frau ins Jenseits wie eine übernatürliche Begleiterin und gibt der Natur den Ausdruck der Unendlichkeit und Wiedergeburt.

In dem Zusammenhang der Wiederkehrthematik soll auch das nächste Gedicht erwähnt werden, in dem die Rose eine große Rolle spielt. Es handelt sich hier um den Duft der Rose, der der Lehre Maeterlincks zufolge der Seele der Blumen[113] entspricht. Pawlikowska schreibt auf die Lehre des Denkers zurückgreifend:

> pachną pozimki zranione jak róże[114]

Im Gedicht „Skazańcy" (Die Verurteilten) wächst die Rose in einem neuen Kontext zum Symbol der weiblichen Schönheit. Pawlikowska liefert zuerst eine Aufzählung der weiblichen Reize und des Verführungsinstrumentariums:

> Spojrzenia, półuśmiechy, czary kilku minut,
> ruchy, błyski, wiosenność rozmarzonej róży, [115]

---

[112] /Und einmal haben die Hände der Frau / Die Rose von Blütenblättern beraubt, / Und einmal erblühte die Rose / an der verstorbenen Frau... – Übers./
[113] Maeterlinck, M.: Intelligenz der Blumen. Jena 1907. S. 102.
[114] /die verletzten Walderdbeeren duften wie Rosen – Übers./
[115] /Die Blicke, Halblächeln, Zauber einiger Minuten, / Bewegungen, Schimmer, Frühlinghaftigkeit der verträumten Rose, - Übers./

Das aufgeführte Werkzeug der Verführung ist aber zum Tode verurteilt worden, „man weiß nicht weswegen?" betont zuletzt die Dichterin. Sie hält dem Abbild der Frau die Erscheinung der Rose als Spiegelbild entgegen. Durch die angebliche gemeinsame Herkunft setzt die polnische Dichterin die Frauen und die Rosen nebeneinander und beweist, Frauen sind wie Rosen, Rosen sind wie Frauen. Dieses Motiv schlängelt sich durch das Schaffen der Dichterin. Im Gedicht „Róża" (Die Rose) aus dem Band „Pocałunki" (Die Küsse) stellt Pawlikowska die Rose der Frau gegenüber. Beide liebliche Wesen weisen einen gemeinsamen Zug auf, denn sie sind von erwähnenswerter Schönheit. Pawlikowska schildert diese Begegnung der Schönheiten folgendermaßen:

> W tym parku pobladłym, bez śmiechów i gości
> przy róży rozkwitłej stoję.
> Otośmy jedynymi świadkami piękności –
> ja jej, a ona mojej.[116]

Im Gedicht „Modlitwy organiczne" (Die organischen Gebete) betet das lyrische Ich um die Gewähr für die Schönheit im folgenden Vers:

> Róża - /prosi/ o broń dla piękności.[117]

Die Rose, die im Schaffen Pawlikowskas eine so wichtige Rolle spielt, ist von anderen Blumenmotiven umgeben. Neben der Rose wächst zwischen den Versen ein Armvoll anderer Blumen. In meinen Untersuchungskreis möchte ich nur eine von ihnen heranziehen. Die Wahl fällt auf die Nelke. Dieser Blume widmet Pawlikowska ein Gedicht aus dem Band „Dancing" mit dem Titel „gwoździk z szanghaju" (Die Nelke aus Schanghai). Dieses Werk führt durch das Bild der personifizierten Blume noch eine weitere Thematik, die der personifizierten Natur, ein:

> zielony gwoździk chiński całowany deszczem
> wzdychał (...)
> aż chwycony pezez ciebie za zielone włosy
> krzyknął z płaczem (...)[118]

---

[116] /In diesem verblassten Park, ohne Lachen und Gäste / an einer erblühten Rose stehe ich. / So sind wir die einzigen Zeugen der Schönheit - / ich ihrer, und sie meiner. – Übers./
[117] /Die Rose - /bittet – E. S./ um das Gewehr für die Schönheit. – Übers./

Die personifizierte Blume tritt hier als Foxtrotttänzer auf, der „vom Wind geschaukelt" von dem Tanz nicht genug kriegen kann. Diese Blume wird mehrmals im Werk durch ihren Duft identifiziert, sie „duftet wie die chinesische Nelke". Der eigene Duft der Nelke stellt in der bereits auf die Rose bezogenen Lehre Maeterlincks die einzigartige Seele der Pflanze dar.

Im Gedicht „Oknem wyglądało" (Es schaute durch das Fenster) aus dem Jahr 1945 tritt dieselbe im hervorgehendem Gedicht noch belustigte Blume in einem völlig anderem Vergleich:

> Goździk polny, gwiazdka drobnej rany,
> Neonowo błękitny dzwonek –[119]

Die erdrückend traurige Atmosphäre dieses Gedichts lässt die Nelke eine Assoziation mit einer Wunde hervorrufen. Damit erscheint diese Nelke als Gegenpol zu der tanzenden Nelke, die Pawlikowska fast 20 Jahre zuvor im Foxtrotttakt schwingen ließ.

Die Blumenthematik zum Ausklang bringend lässt sich feststellen, dass Pawlikowska in den Strophen ihrer Gedichte zahlreiche Bilder von der blühenden Wiese der Welt hineinschreibt. Ihrer geliebten Blume, der Rose, gewährt sie den obersten Platz und spricht von ihr wie von einer Schönheit, oft ihr Bild an die Figur der Frau anlehnend.

Die Rose in ihrer Form, Farbe und ihrem Duft ruft die schönsten und zärtlichsten Gefühle und Erinnerungen, die eng um die Liebesthematik kreisen, hervor. In dem Gedicht, das ich für den Schluss aufgehoben habe, vergleicht das lyrische Ich die Küsse mit den „weichen Blüten der schönsten Rosen". In den Versen von „Zapomniane pocałunki" (Die vergessenen Küsse), um das es sich an dieser Stelle handelt, entwickelt die „rosafarbene Masse" der Küsse ihren süßen Duft tagaus tagein in den Liebenden. Mit dieser Schilderung möchte ich die „duftende und blühende", von Liebe überströmte Blumenthematik abschließen.

---

[118] /die grüne chinesische Nelke von dem Regen geküsst / seufzte (...) / bis sie von dir an den grünen Haaren gefasst / mit Weinen aufschrie (...) – Übers./
[119] /Die Feldnelke, ein Sternchen einer kleinen Wunde, / Neonblaue Glocke – Übers./

IV.2.4.   Die Personifizierung der Natur

Maria Pawlikowska-Jasnorzewska beobachtet die Natur mit Aufmerksamkeit und großem Erstaunen. Ihre Naturbetrachtung reicht von den großen Elementen wie der Sonne bis zu den kleinsten Details wie der nichtigen Brennessel. Sie fühlt das Leben unter den Pflanzen, sie anthropologisiert die ganze Natur als Mutter-Natur. Die Natur ist eine schöne, moderne Frau, die mit fortschreitender Zeit zu einer alten Dame wird, die sich um den Liebesverlust sorgt.

In den frühen Gedichten ist die Natur sehr friedlich und wohlgesinnt. Pawlikowska stellt sie als schaffende Kraft dar. Aber die Natur kann diese enorme Kraft auch gegen das Leben einsetzen und zur zerstörerischen Kraft werden lassen. Die Natur kann ebenfalls Schmerz und Tod verbreiten. Dieses Bild der Natur lehnt die Dichterin jedoch ab. Es entspricht nicht der Vorstellung einer zarten und empfindsamen Dame aus dem Salon. Pawlikowska steht dieser Seite der Natur resigniert gegenüber. In der Natur weiß Pawlikowska die Schönheit des Details zu veranschaulichen. Sie beobachtet gerne mit einem feinen Verständnis für die kleinsten Elemente der sie umgebenden Natur, aber als eindringlicher Betrachter blickt sie auch interessiert auf die Gesamtheit, die alle Naturelemente zusammen bilden. Unter den Gedichten findet man das Thema der Natur als persona non grata.

J. Kwiatkowski legt dar, dass Pawlikowska die Natur personifiziert und einen persönlichen Dialog mit ihr führt.[120] Das Thema der Natur nimmt im Schaffen der Lyrikerin einen zentralen Raum ein und ist vielfältig von ihr verarbeitet und dargeboten. Die Natur wird sowohl bewundert und geliebt als auch gehasst und verpönt. Pawlikowska meidet offensichtlich „große Themen" und inhaltsschwere Ausdrücke. Sie schätzt vielmehr das Kleine und Unscheinbare, die Bruchteile der Natur, und bei der Beschreibung lebt sie ihre malerische Phantasie aus. So wurde die Brenessel im Gedicht „Pokrzywa widziana z bliska" (Die Brennessel von Nahem gesehen) zum geheimnisvollen Palais, oder eine Kröte in „Ropucha" (Die Kröte) zum Juwel.

IV.2.4.1.　　　　Die Mutter-Natur

Piotr Kuncewicz bezeichnet die innere Haltung der Dichterin gegenüber der Natur als „Manifestation der Weiblichkeit, eine bewusste und ihre Ziele und Vorlieben nicht verheimlichende."[121]

Die Dichterin gibt ihrer Weiblichkeit einen vollen Ausdruck durch das Prisma der Natur. Sie führt unter den Pflanzen das Geschlechtskriterium ein. Den Blumen schreibt sie das Phänomen des Geschlechts zu, und die personifizierten Blumen nehmen das weibliche Verhaltensmuster an.

Als Ausgangspunkt nehme ich das Gedicht „Namiętna ziemio" (Oh du, leidenschaftliche Erde) aus dem Band „Balet powojów" (Das Ballett der Winden), das von der Autorin für ihr bestes Werk gehalten wurde.[122]

Zu Anfang bereitet sich die Erde auf ihre Rolle vor, zeigt ihre Weiblichkeit und erblüht allmählich in voller Pracht. Die Erde erscheint im Sonnenlicht und bereitet sich im Frühjahr auf das Spiel „der Fortpflanzungssucht" vor. In den Versen lässt Pawlikowska die Erotik und den Drang der Natur zur Fortpflanzung zum Vorschein kommen. In der in den Versen 11 bis 17 folgenden Apostrophe erhält die Erotik ihren Höhepunkt:

> Rozgrzeszająca zmysły symboliko
> Kwietnych organów,
> Słupków i pylników!
> Najodważniejsza
> Płci apoteozo,
> W różach, storczykach,
> Liliach, tuberozach![123]

Diese „Apotheose des Geschlechts" ruft direkt die Analogie zu Maeterlincks detaillierter Beschreibung der Fortpflanzungsorgane ins Gedächtnis, über die bereits die Rede war.

Unter den Gedichten befindet sich ein direkt der Mutter-Natur gewidmetes, mit dem Titel „Matka Natura" (Die Mutter-Natur), in dem die Dichterin das Bild einer personifizierten Natur schildert:

---

[120] Kwiatkowski, J.: Literatura Dwudziestolecia. Warszawa 1990. S. 126f.
[121] Kuncewicz, P.: Zmienne oblicza żywiołu. in: M. Pawlikowska-Jasnorzewska. Akwatyki. Gdańsk. 1980. S.8.
[122] Czachowski, K.: Obraz współczesnej literatury polskiej 1884-1934. Warszawa – Lwów 1936. Bd. 3. S. 398.
[123] /Du, den Sinnen vergebende Symbolik / Der blumigen Organe, / von den Stempeln und Staubbeuteln! / Du mutigste / Apotheose des Geschlechts, / In den Rosen, Orchideen, / Lilien und Tuberosen! – Übers./

Matka Natura wchodzi – babsko tęgie, dziwne,
uśmiechnięte jak Budda, jak lis i Gioconda.
Siada ciężko w fotelu, patrzy na godzinę,
na pokój i na meble ciekawie spogląda.[124]

Die dargestellte Zeichnung lässt die Mutter-Natur als eine gewöhnliche neugierige und korpulente Frau erscheinen. Diese Naturverkörperung setzt sich einen Moment nieder, denn kurz darauf eilt sie als Hebamme zur Arbeit. Dieser Funktion der Natur gibt die Dichterin in den letzten Versen des Gedichts einen Ausdruck:

- ruszy się pra-położna. Pomoże z pośpiechem,
bo i kotka w ogrodzie czeka na nią jeszcze...[125]

Das Bild der Natur als einer fruchtbaren Kraft, die für die Mutterschaft zuständig ist, durchdrängt den Ausklang dieses Gedichtes.

In einem anderen Werk zeichnet die Dichterin eine Gestalt der Natur in voller Grausamkeit. Ein solches Abbild findet sich im Gedicht „Zawód w miłości" (Die Enttäuschung in der Liebe) aus dem Jahr 1935 wieder. Bereits im ersten Vers beginnt das lyrische Ich die Vorwürfe der Natur gegenüber zu stellen:

Okrucieństwo Natury, ten zarzut surowy,
Lecz słuszny, (...)
Niepokoi mnie nocą, (...)[126]

In den weiteren Versen greift Pawlikowska zum Vergleich der Natur mit einer Mutter, die sich als „schwarzer Charakter" erweist. Ein grausames Wesen ist die Mutter-Natur.

Ein strenges Antlitz zeigt die Natur in dem posthum 1956 erschienenen Prosawerk „Szkicownik poetycki (I)" (Das poetische Zeichenbuch (I)). Im 9. Kapitel findet man folgende Feststellung über die Mutter-Natur:

---

[124] /Die Mutter-Natur tritt ein – ein Weib beleibt, merkwürdig, / lächelnd wie Buddha, wie Fuchs und Gioconda. / Sie setzt sich schwer in den Sessel, schaut auf die Uhrzeit, / auf das Zimmer und die Möbel blickt sie neugierig. – Übers./
[125] /- bewegt sich die Urhebamme. Sie hilft mit Eile, / denn auch die Katze im Garten wartet auf sie noch.... – Übers./

Niewzruszone oblicze Natrury ujawniło się człowiekowi.[127]

Die Mutter-Natur verfügt in der Darstellung der Lyrikerin über produktive Kräfte. Sie begleitet alle Wesen als Hebamme beim Eintritt in das Leben und zeigt dem Menschen ihre grausame und unbeugsame Stellung als oberste Kraft. In einigen Gedichten stellt Pawlikowska die Mutter-Natur als eine den indischen Göttern ähnliche Gestalt dar,[128] doch diese Art der Naturbetrachtung halte ich für das Thema der vorliegenden Arbeit nicht von entscheidender Bedeutung.

Die Erde wird als ein weibliches Wesen gesehen. Sie ist sinnlich, will gefallen. Deswegen schmückt sie sich mit den schönsten Blumen wie mit wertvollsten Stoffen und Kleidern.

IV.2.4.2.   „Die Natur im Modesalon"

In den Gedichten der polnischen Dichterin erfuhr die Natur eine besondere Personifizierung. Die Natur wird zu einer Vorführdame in einem sonderbaren und reizenden Modesalon. Pawlikowska präsentiert die Natur auf dem Hintergrund einer üppigen Stoff- und Farbenpalette. Sie kleidet die Natur in feinste Damenkleider und charakterisiert sie durch das den Frauen typische Verhaltensmuster. Die Natur macht sich schön wie eine bezaubernde junge Dame und verfügt über weibliche Reize, die sie in ihrer Bewegung und Koketterie entfaltet. Die Natur nimmt unverwechselbar die Form einer eleganten Dame der Gegenwart, die von Maria Pawlikowska-Jasnorzewska, ein.

Die Natur in den Gedichten Maria Pawlikowska-Jasnorzewska bekleidet nicht selten eine besondere weibliche Rolle. Die Dichterin zeigt die Natur als eine junge Dame aus gutem Hause, die sich geschmackvoll zu kleiden und ihre Vorteile hervorzuheben weiß. Die Schilderung geschieht auf dem Weg der Personifizierung der Natur als Ganzes oder bei der Thematisierung bestimmter Naturphänomene wie im Gedicht „Jesień" (Der Herbst) aus dem Band

---

[126] /Die Grausamkeit der Natur, dieser Vorwurf streng, / Doch gerecht, (...) / Beunruhigt mich nachts, (...) – Übers./

[127] /Unerschütterliches Antlitz der Natur zeigte sich dem Menschen. – Übers./

[128] auf diese Art der Darstellung geht J. Kwiatkowski ein. Siehe: Kwiatkowski; J.: Maria Pawlikowska-Jasnorzewska. S. LXIXf.

„Pocałunki" (Die Küsse). In diesem Werk bietet Pawlikowska ein sehr weibliches Bild dieser Jahreszeit, das im Polnischen weiblichen Geschlechts ist.

> Chodzi w szalu czerwonym i złotym.
> Przegląda się w owalu jeziora.
> Lecz jest chora. I nic nie wie o tym,
> że ją pochowają w tym szalu.[129]

Die Präzision des Verhaltensstudiums einer Frau legt Pawlikowska in einigen lapidar kurz gefassten Sätzen fest. Die personifizierte Jahreszeit gibt das Bild einer äußerlich attraktiven Frau ab, die oft in den Spiegel blickt. Sie ist sehr auf ihr Äußeres bedacht ist, was durch die Bemerkung, dass sie sich oft in der Oberfläche eines Sees wie im Spiegel betrachtet, ausgedrückt wird.

In einem weiteren Gedicht aus demselben Band mit dem Titel „Liście" (Die Blätter) konstatiert das lyrische Ich über den Spätsommer:

> Rumieńce lata pobladły.[130]

Auch diese Jahreszeit wird auf eine das äußere Erscheinungsbild betreffende Bemerkung minimalisiert.

Im Gedicht „Szarotka" (Das Edelweiß) wird eine unscheinbare Blume zum Spiegelbild einer weiblichen Person. Das Verhalten der personifizierten Blume fällt auf. Sie will sich von den anderen Genossen trennen und zieht hoch in die Berge. Pawlikowska charakterisiert lapidar die Blume mit einer für Frauen typischen Bewegung des Pelzeinhüllens und schreibt diese elegante weibliche Bewegung der Blume hinzu:

> Zaś gwiaździsta szarotka,
> biała zewnątrz, a siwa od środka, (...)
> - Otulila się w kocie swe futro...[131]

Um den Kreis der Damenkonfektion nicht zu verlassen, gehe ich zum Gedicht „Ptak" (Der Vogel) von 1922 über, in dem die Dichterin mit dem Wort wie eine

---

[129] /Sie schreitet im roten und goldenen Schal. / Betrachtet sich im Oval des Sees. / Sie ist aber krank. Und weiß nichts davon, / dass sie in diesem Schal begraben wird. – Übers./
[130] /Die Wangenröte des Sommers erblasste. – Übers./
[131] /Das sternförmige Edelweiß dagegen, / weiß von außen und grau von innen, (...) / - hüllte sich ein in ihren Katzenpelz... – Übers./

Schneiderin mit dem Stoff hantiert. Die junge Dichterin beschreibt das fröhliche Verhalten eines Vogels und lässt uns einen Blick in den Modesalon der Natur werfen:

Wchodzi pod drzew suknie,
w liściaste rękawy,
w falbanę zieloną
między kwiatów płatki.[132]

Der neugierige Vogel untersucht genau die von der Natur selbst geschneiderten Kleider, die für ihn Verstecke und Zufluchtsmöglichkeiten bieten. Er lässt auch keine Gelegenheit aus, überall reinzuschauen, selbst „unter dem Rock der Linde" nicht. Pawlikowska füllt ihre Darstellung mit Humor und Witz. Die Naturbetrachung überrascht nicht selten durch den Blickwinkel der Vertrautheit. Es entsteht der Eindruck, dass sich das lyrische Ich in der es umgebenden Natur sehr heimisch fühlt und mit den Geheimnissen der Welt vertraut ist. Dabei beweist die Dichterin auf Schritt und Tritt, dass sie ein Auge für die Mode hat. In ihren so lustigen und unkomplizierten Schilderungen finden wir viele in den folgenden Fragmenten ähnliche Beschreibungen:

Die Welt ist „jak batystu szarego szmat"[133]. So erscheint die Erde im Gedicht „Nastrój" (Die Stimmung). Für die fachmännische Beschreibung der Schneiderin sind auch folgende Ausdrücke unentbehrlich:

Czarne, bure, zielone i wesołe w kratki,
to zgrzebne szare płótno, to znów atłas gładki.[134]

Das Model zieht im Gedicht „Modelka" (Das Model) „włoży czarne półślepe buciki"[135] an.

Im Nachlass Pawlikowskas findet sich ein Gedicht mit dem Titel „Madama Butterfly" aus dem Band „Różowa magia" (Der rosa Zauber). In diesen Versen erscheint eine Gestalt in außergewöhnlichem Kleid, das sehr zu den Kreationen der Dichterin passen würde. Es handelt sich um das folgende Stück:

---

[132] /Er geht unter die Kleider der Bäume hinunter, / in die blättrigen Ärmel hinein, / in die grüne Rüsche / zwischen den Blumenblättern. – Übers./
[133] /wie ein altes Stück Batist – Übers./
[134] /Schwarzes, graubraunes grünes und lustiges, kariertes / bald Streichleinen, bald wieder glattes Seidengewebe. – Übers./
[135] /zieht schwarze halbblinde Schuhe an – Übers./

splątana w suknię z nieba, brzoskwiń i księżyca. [136]

Zum Ausklang der Thematik führe ich noch das Bild einer betagten Tänzerin an, die durch die Eigenschaften der Nähstoffe zutreffend charakterisiert wird. Es handelt sich hier um eine meisterhafte Verwendung des Wissens einer „dichterischen Schneiderin". Diese einzigartige Vorführung findet man in den Versen des Bandes „Dancing" im Gedicht „przekwitła tancerka" (Die verblühte Tänzerin):

> lecz jest już w piękności swojej
> nietrwała jak lichy jedwab
> może barwy utracić na słońcu
> może skurczyć się jak etamina[137]

Als Gegensatz wird die Jugend geschildert, die als haltbares „englisches Sämischleder" bezeichnet wird.

IV.3. Die Angst vor dem Altwerden

In der Thematik der Gedichte Maria Pawlikowska-Jasnorzewskas dreht sich alles um die Frau. Um die Frau als Verkörperung der Natur, um die Frau im Sinne der Verkörperung der Schönheit. Deswegen „geistert" zwischen den Versen oft die große Angst vor dem Altwerden, die mit dem Verlust der Schönheit und weiterhin dem Gefühl, nicht mehr liebenswürdig zu sein, im Sinne der Lyrik Pawlikowskas, gleichzusetzen ist. Die Unmöglichkeit zu lieben und geliebt zu werden macht das Leben nicht mehr lebenswert.

> Jestem sama,
> Babcia mi na imię –
> czuję się jako czarna plama
> na tęczowym świata kilimie...[138]

---

[136] /verwickelt in ein Kleid aus Himmel, Pfirsichen und Mond. – Übers./
[137] /sie ist jedoch in ihrer Schönheit / unhaltbar wie abgetragene Seide / sie kann die Farbe in der Sonne verlieren / oder einlaufen wie Etamine – Übers./

Diese Verse findet man in der letzten Strophe des Gedichts „Starość" (Das Altsein) aus dem Band „Różowa magia" (Der rosa Zauber), in dem Pawlikowska zwei entgegengesetzte Bilder projiziert. Das eine ist ein farbliches Abbild der Natur und das andere ist das Porträt des lyrischen Ichs. Die weiblichen Vertreterinnen der Natur „leszczyna" (Die Hasel) und „lipa" (Die Linde) putzen sich heraus, schmücken sich mit teuren Stoffen:

się stroi w fioletową morę[139]

Die violette Farbe zeichnet sich auch in diesem Vers ab. Das lyrische Ich, eine Frau, nimmt sich jedoch kein Beispiel daran. Sie hält es nicht mehr für notwendig, sich zu schmücken und umzuziehen, zumal sie den Standpunkt vertritt, dass keiner sie eines Blickes würdige. Die gedrückte Stimmung mündet am Ende des Gedichts in den Vergleich „czuję się jako czarna plama / na tęczowym świata kilimie...", ein. Die düsteren Farben gewinnen die Oberhand, obwohl die Außenwelt weiterhin vor Farben strotzt.

Die Angst vor dem Altwerden offenbart sich nicht alleine als vorherrschende Stimmung in den Gedichten, die das lyrische Ich gänzlich ergreift und zur obsessiven Furcht vor der fortlaufenden Zeit und dem Prozess des Reifwerdens führt. Das ganze Wesen leidet und fühlt das nahende Ende. Im Vergleich der Gesichtsfaltenlinien mit dem Spinnennetz, das das sich in der ersten Person Singular manifestierende lyrische Ich umwebt, fesselt und zum Stillstand bringt, gibt Pawlikowska ihre Resignation entschieden zum Ausdruck. In den Worten des Gedichts „Babka" (Die Oma) gibt sie ihre Meinung kund:

Pierś moja coraz słabiej oddycha,
krew moja coraz wolniej płynie,
w sieci zmarszczek jak w pajęczynie
leżę spętana i cicha...[140]

---

[138] /Bin alleine, / Oma ist mein Name - / fühle mich wie ein schwarzer Fleck / auf dem regenbogenfarbigen Kilim der Welt... – Übers./

[139] /ziert sich mit violettem Moirè /

[140] /Meine Brust atmet immer schwächer, / mein Blut fließt immer langsamer, / im Netz der Falten wie im Spinnennetz / liege ich gefesselt und still ... – Übers./

Die Spuren des Alters nimmt Pawlikowska in einem weiteren Gedicht wieder auf. Im „przekwitła tancerka" (Die verblühte Tänzerin) aus dem eigenartigen Gedichtband „Dancing"[141] gibt die Dichterin eine Vorführung ihrer „Schneiderkunstfertigkeit", indem sie durch Vergleiche die hochbetagte Tänzerin mit sehr feinen, dünnen, aber schon alten und rissigen Stoffen charakterisiert. Die Tänzerin ist „in ihrer Schönheit unhaltbar wie abgenutzte Seide", kann in der Sonne verblassen und „einlaufen wie Etamine", ebenfalls ein leichtes, gazeartiges Seidengewebe.

<blockquote>
kto ją szarpnie ten ją rozedrze na zawsze
ostrożnie z nią młodzi tancerze
bo pęknie w tysiące zmarszczek[142]
</blockquote>

Die Angst vor dem Altwerden eskaliert und zieht immer weitere Kreise. Dieses Gefühl mündet allmählich in die obsessive Angst vor dem Tod. Die Obsession des Todes wird von der spirituellen Thematik und von dem Motiv des Nirwana begleitet.[143]

Pawlikowska plädiert gegen den Zwang der Mutterschaft.[144] Sie verspürt in dieser Rolle keine Erfüllung ihres Daseins. Sie versteht sich nur als Frau im Sinne eines weiblichen Wesens, das sich seiner Weiblichkeit bewusst ist, die daraus resultierenden Reize gekonnt ausspielt und einsetzt, sich in ihrem Dasein uneingeschränkt fühlt und das Leben genießt. Gegen die Opposition, die Männlichkeit und männliche Macht in der Welt, erhob sie oft die Stimme in ihren Gedichten und klagte über den männlichen Egoismus, die Gleichgültigkeit und Ignoranz gegenüber allem, so wie über die Kälte der Gefühle und viele weitere Verbrechen der Männlichkeit.

In den Bildern, die Pawlikowska in ihren Gedichten malt, findet man eine andere Darstellung der Welt, wie das folgende Bild aus dem Gedicht „Nastrój" (Die Stimmung) zeigt. Für die Autorin sieht die Welt wie ein gutes Stück Batist aus. Es ist zwar ein feines Gewebe, aber die Farbe, die dem Stoff zugeschrieben wurde,

---

[141] In dem angesprochenen Gedichtband herrscht eine für Pawlikowska untypische Rechtschreibung. Alle Worte werden klein geschrieben und die Interpunktion wird aufgehoben. Darüberhinaus wendet die Dichterin zwei Druckarten zur Hervorhebung einzelner Vokabeln. Zu weiteren Besonderheiten siehe Kwiatkowski, J.: Maria Pawlikowska-Jasnorzewska. S. XLVIIff.
[142] /wer sie zerrt, der zerreißt sie für immer / vorsichtig mit ihr, junge Tänzer / denn sie zerspringt in tausende Falten (Hervorhebung nach Pawlikowska) – Übers./
[143] siehe Kwiatkowki, J.: Maria Pawlikowska-Jasnorzewska. S. LVIIIf.
[144] a.a.O. S. LXXI.

nämlich grau, drückt in einem einzigen Epitheton die Stimmung im Gedicht aus. Trotz der Beigabe von zartem Muster „weiß gefleckt, / in weiße Sternchen" sieht die Welt nach wie vor langweilig aus. Der geringe Farbenkontrast grau-weiß vermittelt die Atmosphäre der Monotonie, die sich über die ganze Welt in diesem Gedicht erstreckt.

In den trostlosen Farben präsentiert die Dichterin die Welt nur selten. Bereits im Gedichtband „Niebieskie migdały" (Die blauen Mandeln) stößt man auf das umgekehrte Bild der Welt aus dem Gedicht „Hej moje młode lata" (Hey, meine jungen Jahre).

> Świat jak mydlana bania,
> na słomce wisząc Bożej,
> drży, chwieje się i kłania,
> kręcąc się w barwach zorzy.[145]

Der vorliegende Tetrastichon spiegelt die Lebensphilosophie der polnischen Dichterin wider. Auf den ersten Blick findet man ihre freundschaftlich-nachsichtige Beziehung zu Gott, der die Welt auf diesem Wege geschaffen hat. Weiterhin sind die Farb- und Lichtreflexe in der Weltbeschreibung kaum zu übersehen. Der Umgang mit den Farben und dem Licht findet lebhaften Widerhall in ihrem ganzen Schaffen.

V. Schlussbemerkung

Die vorgenommene Untersuchung der Hauptmotive bezeugt die im Kapitel IV. angesprochene Vielfalt der Motive in der Lyrik Maria Pawlikowska-Jasnorzewskas. In den Gedichtbänden befinden sich zwar unterschiedliche Bilder, die sich aber zu immer wiederkehrenden Motiven zusammenfassen lassen.

Die Farb- und Naturmotive sind aus dem Grunde gewählt worden, weil sie im Schaffen Pawlikowskas unverwechselbar typisch und einzigartig hervortreten.

---

[145] /Die Welt wie eine Seifenblase, / am Strohhalm Gottes hängend, / zittert, wackelt und verbeugt sich / sich in den Farben des Morgenrots herumtreibend. – Übers./

Diese Tatsache ermöglichte mir die Lyrik Pawlikowskas in einem anderen Licht erscheinen zu lassen als die vorgefundenen Untersuchungen in der Sekundärliteratur.

Pawlikowska war und ist eine einzigartige Erscheinung in der polnischen Lyrik. Zu ihren Lebzeiten ließ sich ihr Schaffen nicht eindeutig zuordnen, obwohl die zeitgenössischen Kritiker des Öfteren diesen Versuch unternommen hatten. Sie gehörte keiner literarischen Gruppierung an, obgleich einige der Gedichte eine enge Zusammenarbeit mit den Vertretern der Skamandriten und später auch die Annäherung an die Avantgarde bezeugen.[146] Pawlikowska blieb ihrer literarischen Linie und ihrer eigensinnigen Weltanschauung treu.

Die Liebe zur Natur und zum Menschen stellt die polnische Dichterin als das oberste Prinzip ihrer Lyrik dar, und durch dieses Prisma lassen sich die Gedichte rezipieren. Wenn man dieses Gebot stets im Auge behält, wirken sich die zauberhaften Bilder mit voller Kraft aus. Als die Liebe in ihr brannte, schuf sie ihre schönsten Gedichte. Das Licht brach alle Schatten in ihr und ließ die graue Wirklichkeit in den schönsten Farben strahlen.

Die Forscher werfen der Dichtung Pawlikowskas zuweilen eine zu große Naivität und Einfachheit in der Betrachtung und Darstellung vor, aber gerade durch diese einfache Art spricht sie den Leser stark an. Julian Przyboś bezeugt, dass gerade Pawlikowska, die man für „eine Salonzierpuppe" hielt, die Dichtung radikal und wagemutig entbanalisiert hatte.[147]

In der heutigen Zeit gewinnt die Dichtung Pawlikowskas erneut an Aktualität, da diese einen Wegweiser für die Suchenden darstellt, die sich auf den richtigen Spürsinn für das Schöne und Unnachahmliche in der Natur der „polnischen Sappho" verlassen können.

Das Verstehen der Lyrik Maria Pawlikowska-Jasnorzewskas ist ohne Zweifel in der Widerspiegelung ihres Lebens in den Gedichten zu sehen. Ihre Lyrik sei der Spiegel des Lebens der polnischen Dichterin, stellte Hanna Mortkowicz-Olczakowa fest.[148]

Der Forscher Piotr Kuncewicz geht in seiner Feststellung sogar einen Schritt weiter und spricht:

---

[146] Sandauer, A.: Pawlikowska na tle prądów kulturalnych epoki. In: Ders.: Zebrane pisma krytyczne. Bd. 1. S. 151-179.
[147] Przyboś, J.: Linia i gwar. Szkice. Bd. 2. Kraków 1959. S. 117.

Pawlikowska należy do tych twórców, u których między twórczością a życiem można postawić znak równości (...), tak podobny jest „styl" i zakres jednego i drugiego.[149]

Meine Untersuchungen abschließend unterstreiche ich die Aussagen Hanna Mortkiewicz-Olczakowas und Piotr Kuncewiczs. Jedoch möchte ich gleichzeitig darauf hinweisen, die Dichtung Maria Pawlikowska-Jasnorzewskas nicht nur ausschließlich aus diesem Blickwinkel zu sehen. Sie hat es verstanden, bei einem Minimum an Worten eine maximale Intensität des Bildes hervorzurufen. Ihre Schlichtheit, Sinnlichkeit und Klarheit machen den Zauber ihrer Gedichte aus. Durch diese Kunstfertigkeit der Darstellung verdient das Werk Maria Pawlikowska-Jasnorzewskas eine tiefgehende wissenschaftliche Analyse, die die Stellung der polnischen Dichterin in der Literatur von der klischeeartigen Betrachtungsweise einer verwöhnten Salondame befreit.

---

[148] Mortkowicz-Olczakowa, H.: Wspomnienie o Marii Jasnorzewskiej-Pawlikowskiej. In: Dies.: Bunt wspomnień. Warszawa 1959. S 190.
[149] /Pawlikowska gehört jenen Künstlern an, bei denen man zwischen dem Schaffen und dem Leben ein Gleichheitszeichen setzen kann (...), so ähnlich ist „der Stil" und Umfang des einen und des anderen. – Übers./ Kuncewicz, P.: Biologia czuła i okrutna. S. 8.

VI.   Bibliographie

Die in der vorliegenden Abhandlung enthaltenen Gedichte sind entnommen aus:
Maria Pawlikowska-Jasnorzewska. Wybór poezji. 5. Aufl. Wrocław-Warszawa-
Kraków1998.

VI.1.   Primärliteratur

Ersterscheinungen:

Niebieskie migdały.	Kraków	1922
Różowa magia. Poezje.	Lwów	1924
Pocałunki.	Warszawa	1926
Dancing. Karnet balowy.	Warszawa	1927
Wachlarz. Zbiór poezyj dawnych i nowych.	Warszawa	1927
Cisza leśna.	Warszawa	1928
Paryż.	Warszawa	1928
Profil białej damy.	Warszawa	1932
´Spiąca załoga.	Warszawa	1933
Balet powojów.	Warszawa	1935
Krystalizacje.	Warszawa	1937
Szkicownik poetycki.	Warszawa	1939
Róża i lasy płonące.	London	1940
Gołąb ofiarny.	Glasgow	1941
Dramaty. Bd. 1-2.	Warszawa	1987

VI.2.   Sekundärliteratur

Czachowski, K.:   Obraz współczesnej literatury polskiej 1884-1934. Bd.
                      3. Warszawa-Lwów 1936.

Dedecius, K. (Hrsg.): Die Dichter Polens. Frankfurt a. M. 1982.

Dzieniszewska, A.:Zielnik poetycki Marii Pawlikowskiej-Jasnorzewskiej.
                      (Przegląd motywów kwiatowych w twórczości obejmują-
                      cej lata 1904-1928). Poezja 1980, Nr. 5. S. 56-69.

Głowiński, M., Sławiński, J.: Sapho słowieńska. Twórczość 1956, Nr. 4.
                      S. 116-132.

Hurnikowa, E.:   Maria Pawlikowska-Jasnorzewska. Zarys monograficzny.
                      Katowice 1999.

dies.:   „Biegnę tam w myślach moich..." O wierszach emigracyjnych
                      Marii Pawlikowskiej-Jasnorzewskiej. In: Sławek, T. (Hrsg.):
                      Znajomym gościńcem. Prace ofiarowane Prof. Ireneuszowi
                      Opackiemu. Katowice 1993. S. 91-99.

dies.:   Natura w salonie mody. Warszawa 1995.

Krzyżanowski, J.:   Dzieje literatury polskiej. Warszawa 1969.

Kuhiwczak, P. (Hrsg.): Ariadne's Thread, Polish Women Poets. London-
                      Boston 1988.

Kuncewicz, P.:   Biologia czuła i okrutna – Maria Pawlikowska–Jasnorzewska.
                      In: Maciejewska, I.   (Hrsg.):   Poeci   dwudziestolecia
                      międzywojennego. Warszawa 1982.

ders.:   Agonia i nadzieja. In: Literatura polska od 1918. Bd. 1.
                      Warszawa 1991.

ders.:   Zmienne oblicza żywiołu. In: Pawlikowska-Jasnorzwska, M.:
                      Akwatyki. Gdańsk 1980.

ders.:   Staroświecka pani z Krakowa. Poezja 1972, Nr. 11. S. 46-51.

Kwiatkowski, J.:   Maria Pawlikowska-Jasnorzwska. In: Wyka, K. (Hrsg.):
                      Literatura polska w okresie międzywojennym. Kraków 1979.

ders.:   Wstęp. in. Maria Pawlikowska-Jasnorzwska. Wybór poezji.
                      Wrocław-Warszawa-Kraków 1998.

ders.:   Janusowe oblicza natury. O poezji Marii Pawlikowskiej-
                      Jasnorzewskiej. Twórczość 1958, Nr. 12. S. 73-96.

ders.:   Literatura Dwudziestolecia. Warszawa 1990.

Lechoń, J.:   Dziennik. Bd. 3. Warszawa 1993.

Maeterlinck, M.:   Die Intelligenz der Blumen. Jena 1907.

Malinowski, A.:   Über die Poesie von Maria Pawlikowska-Jasnorzewska –
                     anders. Dissertation der Universität Wien. Wien 1991.

Miłosz, Cz.:   Geschichte der Polnischen Literatur. Köln 1981.

Mortkiewicz-Olczakowa, H.: Wspomnienie o Marii Pawlikowskiej-
                     Jasnorzewskiej. In: Dies.: Bunt wspomnień. Warszawa 1959.

Petrozolin-Skowrońska, B.: Zyciorys poetki. Literatura 1977, Nr. 35. S.4.

Piechal, M.:   „Skrzydła wewnętrzne". Poezja 1970, Nr. 7. S. 23-34.

Przyboś, J.:   Linia i gwar. Szkice. Bd. 2. Kraków 1959.

Samozwaniec, M.: Maria i Magdalena. Kraków 1970.

dies.:   Zalotnica niebieska. Szczecin 1988.

dies.:   Angielska choroba. Warszawa 1983.

Sandauer, A.:   Iskający. In: Ders.: Zebrane pisma krytyczne. Bd. 3.
                     Warszawa 1981.

ders.:   Pawlikowska na tle prądów kulturalnych epoki. In: Ders.:
                     Zebrane pisma krytyczne. Bd. 1. S. 151-179.

Starowieyska-Morstinowa, Z.: Lilka. In: Dies.: Ci których spotykałam.
                     Kraków 1962.

Terlecki, T.:   Podzwonne. In: Pawlikowska-Jasnorzewska, M.: Ostatnie
                     notatniki. Szkicownik poetycki II. Toruń 1993.

Wyka, K.:   Maria z Kossaków – 9 lipca 1945-1965, wędrując po tema-
                     tach. In: Ders.: Spuścizna. Bd. 2. Kraków 1971.

Zielińska, B.:   Pawlikowska-Jasnorzewska: zapis choroby. Agonia jako
                     upokorzenie. In: Biedrzyński, K.: Stulecie skamandrytów.
                     Kraków 1996.

VI.3.   Abbildungen

Abbildung 1:   Maria Pawlikowska-Jasnorzewska. Fotografie aus den 20er
                Jahren. Besitz: Museum Literatury w Warszawie.